www.ingramcontent.com/pod-product-compliance
Lightning Source LLC
LaVergne TN
LVHW010315070526
838199LV00065B/5572
* 9 7 8 9 3 5 8 7 2 5 7 3 5 *

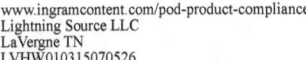

# ترجمہ اشرفی

(مصنف کی ہی کتاب 'سید التفاسیر' میں شامل ترجمہ قرآن مجید)

حصہ ۱ : سورۃ الفاتحہ تا مائدہ

سید محمد مدنی اشرفی جیلانی

جمع و ترتیب : اعجاز عبید، محمد عظیم الدین

© Taemeer Publications LLC

**Tarjuma Ashrafi (Quran Urdu Translation) – Part:1**
by: Syed Mohammed Madani Ashrafi
Edition: November '2024
Publisher :
*Taemeer Publications LLC* (Michigan, USA / Hyderabad, India)

ISBN 978-93-5872-573-5

مترجم یا مرتب یا ناشر کی پیشگی اجازت کے بغیر اس کتاب کا کوئی بھی حصہ کسی بھی شکل میں بشمول ویب سائٹ پر اَپ لوڈنگ کے لیے استعمال نہ کیا جائے۔ نیز اس کتاب پر کسی بھی قسم کے تنازع کو نمٹانے کا اختیار صرف حیدرآباد (تلنگانہ) کی عدلیہ کو ہوگا۔

© تعمیر پبلی کیشنز

| | | |
|---|---|---|
| کتاب | : | **ترجمہ اشرفی** (سورہ الفاتحہ تا المائدہ) |
| مترجم | : | **سید محمد مدنی اشرفی جیلانی** |
| جمع و ترتیب | : | اعجاز عبید، محمد عظیم الدین |
| صنف | : | ترجمہ قرآن |
| ناشر | : | تعمیر پبلی کیشنز (حیدرآباد، انڈیا) |
| سالِ اشاعت | : | ۲۰۲۴ء |
| صفحات | : | ۲۴۴ |

# فہرست

۱۔ سورۃ الفاتحہ..................1

۲۔ سورۃ البقرۃ.....................2

۳۔ سورۃ اٰل عمران................92

۴۔ سورۃ النساء..................147

۵۔ سورۃ المائدۃ..................200

## ۱۔ سورۃ الفاتحہ

نام سے اللہ کے بڑا مہربان بخشنے والا O

۱.  ساری حمد اللہ ہی کے لئے پروردگار سارے جہانوں کا O

۲.  بڑا مہربان بخشنے والا۔ O

۳.  مالک روز جزا کا O

۴.  تجھی کو ہم پوجیں اور تیری ہی مدد چاہیں۔ O

۵.  چلا ہم کو راستہ سیدھا۔ O

۶.  نہ ان کا کہ غضب فرمایا گیا جن پر اور نہ گمراہوں کا O

## ۲۔ سورۃ البقرۃ

نام سے اللہ کے بڑا مہربان بخشنے والا O

۱۔　　ال م O

۲۔　　وہ کتاب کہ کسی قسم کا شک نہیں جس میں، ہدایت ہے ڈر جانے والوں کے لئے O

۳۔　　جو ایمان لائے بے دیکھے اور ادا کرتے رہیں نماز کو اور اس سے جو دے رکھا ہے ہم نے، خرچ کریں ۔ O

۴.	(اور جو مان جائیں جو کچھ اتارا گیا تمہاری طرف اور جو کچھ اتارا گیا تمہارے پہلے)۔ اور آخرت پر وہی یقین بھی رکھیں O

۵.	وہ ہیں ہدایت پر اپنے پروردگار کی طرف سے، اور وہ ہی کامیاب ہیں O

٦.	بیشک جنھوں نے جنم کا کفر کمایا یکساں ہے ان پر، کیا ڈرایا تم نے انہیں یا نہیں ڈرایا انہیں، وہ ماننے والے ہی نہیں۔ O

۷.	(مہر لگا دی اللہ نے ان کے دلوں پر اور ان کی سماعت پر، اور ان کی آنکھوں پر گہرا پردہ ہے)۔ اور انہیں کے لئے عذاب ہے بہت بڑا۔ O

۸.	اور عامیوں میں سے کوئی کوئی کہتا ہے ''مان چکے ہم لوگ اللہ کو اور پچھلے دن کو'' حالانکہ نہیں ہیں وہ ماننے والوں سے۔ O

۹۔ دھوکہ دینا چاہتے ہیں اللہ کو اور مسلمانوں کو۔ اور نہیں دھوکہ دیتے مگرا پنے آپ کو، اور محسوس نہیں کرتے۔ O

۱۰۔ ان کے دلوں میں بیماری ہے، تو بڑھنے دیا انہیں اللہ نے بیماری میں، اور انہیں کے لئے عذاب ہے دکھ والا، کہ وہ جھوٹ لیتے تھے۔ O

۱۱۔ اور جب بھی کہا گیا ان کے بھلے کو کہ نہ فساد ڈالو زمین میں، بولے کہ ''ہمیں تو درستی کرنے والے ہیں۔'' O

۱۲۔ سن لو کہ بیشک! وہی فسادی ہیں، لیکن وہ محسوس نہیں کرتے۔ O

۱۳۔ اور جب کہا گیا ان کے بھلے کو کہ ''مان جاؤ جیسا سب لوگ'' بولے ''کیا ہم مانیں جیسا کہ مانا ہے بیوقوفوں نے؟ سن رکھو! کہ بلاشبہ وہی بیوقوف ہیں، لیکن نادانی کرتے ہیں۔'' O

۱۴.     اور جب ملے مسلمانوں کو، بولے ''ہم ایمان لا چکے'' اور جب اکیلے ہوئے اپنے شیطانوں کے پاس، کہنے لگے کہ ''بیشک ہم تمہارے ساتھ ہیں بس ہم تو ہنسی مذاق والے ہیں۔ O

۱۵.     اللہ خود ذلیل کرتا ہے انہیں اور ڈھیل دیتا ہے انہیں کہ اپنی سرکشی میں بھٹکتے ہیں۔ O

۱۶.     یہ وہ ہیں جنھوں نے خریدا گمراہی کو ہدایت کے بدلے، تو نہ فائدہ دیا ان کی تجارت نے۔ اور نہ تھے وہ اس راہ سے آگاہ۔ O

۱۷.     ان کی مثال جیسے اس کی مثال، جس نے روشن کی آگ، تو جب خوب روشن کر دیا اس کے سب گرد و پیش کو، چھین لیا اللہ نے ان کی روشنی کو اور چھوڑ دیا انھیں اندھیریوں میں کہ انھیں کچھ نہ سوجھے۔ O

۱۸.     بہرے، گونگے، اندھے، تو وہ نہیں ہیں باز آنے والے O

۱۹.　(یا جیسے بارش ہو آسمان سے، جس میں تاریکیاں ہیں اور کڑک ہے اور چمک ہے، ٹھونسے لیتے ہیں اپنی انگلیوں کو اپنے کونوں میں) کڑکے سے موت سے بچنے کو، اور اللہ گھیرے میں لیے ہوئے ہے کافروں کو۔ O

۲۰.　(بجلی چھینے لیتی ہے ان کی آنکھوں کو، جب تیز روشنی ڈالی ان کے لئے چل پڑے اس میں، اور جب اندھیرا ڈالا ان پر کھڑے رہ گئے، اور اگر چاہتا اللہ یقیناً چھیں لیتا ان کی سماعت اور ان کی آنکھیں۔ بیشک اللہ ہر چاہے پر قدرت والا ہے۔ O

۲۱.　اے لوگو، پوجو اپنے پروردگار کو جس نے پیدا فرمایا تمہیں اور انہیں جو تمہارے پہلے ہوئے، کہ امید رکھ سکو کہ ڈرنے لگو گے۔ O

۲۲.　جس نے بنایا تمہارے لیے زمین کو فرش اور آسمان کو قبہ، اور اتارا آسمان سے پانی کو، پھر نکالا اس سے کئی پھل غذا تمہارے

لیے، تو نہ بناؤ اللہ کے لئے مدمقابل جب کہ تم خوب جان رہے ہو۔ O

۲۳. اور اگر ہو تم کسی شک میں اس سے جو اتارا ہم نے اپنے خاص بندہ پر، تو لے آؤ ایک ہی سورت اس کی طرح اور دہائی دو اپنے ساختہ مددگاروں کی، اللہ کو چھوڑ کر، اگر تم ہو سچے۔ O

۲۴. پس اگر تم نہ کر سکے۔ اور ہرگز نہ کر سکو گے، تو ڈرو آگ کو وہ جس کا ایندھن انسان اور سنگین مورتیاں ہیں، تیار کر رکھی گئی ہے کافروں کے لئے۔ O

۲۵. اور خوش خبری دو انہیں جو مان گئے اور کئے کرنے کے لائق کام، کہ بیشک انہیں کے لئے ہیں جنتیں، بہہ رہی ہیں جن کے نیچے نہریں۔ جب دئے گئے اس میں سے کوئی پھل غذا کو، کہہ پڑے یہ وہی ہے جو دئے گئے تھے ہم پہلے سے، حالانکہ دئے گئے تھے وہ ہم

شکل۔ اور انہیں کے لئے اس میں بیبیاں ہیں پاک دامن، اور وہ اس میں ہمیشہ رہنے والے ہیں۔ O

۲۶۔ بیشک اللہ قابل شرم نہیں قرار دیتا اس کو کہ ضرب المثل بیان فرمائے مچھر کی، بلکہ اس سے بڑی۔ کہ پس جو مسلمان ہیں۔ وہ تو جانتے ہیں کہ بیشک یہ ٹھیک ہے ان کے پروردگار کی طرف سے، اور جو کافر رہے تو وہ پوچھا کرتے ہیں کہ کیا مطلب رکھا اللہ نے اس) ۔ ضرب المثل سے، گمراہی میں رہنے دیتا ہے اس سے بہتیروں کو، اور نہیں گمراہی میں رہنے دیتا، مگر نافرمانوں کو۔ O

۲۷۔ جو توڑتے رہیں اللہ کے عہد کو اس کے مضبوط ہونے کے بعد، اور کاٹتے رہیں اس کو، حکم دیا اللہ نے جس کے لئے کہ ملایا جائے، اور فساد ڈالیں زمین میں، وہی خسارہ والے ہیں۔ O

۲۸.　(کیسے منکر ہو اللہ کے، حالانکہ تم بے جان تھے، تو حیات دی تمہیں، پھر موت دے گا تمہیں، پھر جلائے گا تم کو) پھر اسی طرف لوٹائے جاؤ گے۔ O

۲۹.　(وہ ہے جس نے پیدا فرمایا تمہارے لیے جو کچھ زمین میں ہے سب۔ پھر توجہ فرمائی آسمان کی طرف، تو ہموار کیا انھیں۔ سات آسمان۔ اور وہ ہر معلوم کا علم والا ہے O

۳۰.　(اور جب فرمایا تمہارے پروردگار نے فرشتوں کے لئے کہ ''بیشک میں بنانے والا ہوں زمین میں ایک خلیفہ'' عرض کرنے لگے کہ ''کیا بنائے گا)۔ تو اس میں جو فساد مچائے اس میں اور خون ریزی کرے (حالانکہ ہم پاکی بیان کریں تیری حمد کے ساتھ اور تقدیس کرتے رہیں تیری، '' فرمایا ''بیشک میں جانتا ہوں جو کچھ تم نہیں جانتے''۔ O

۳۱.　اور سکھا دیا آدم کو سب کے نام، سارے کے سارے، پھر پیش کیا ان کو فرشتوں پر، پھر فرمایا کہ "بتا تو دو مجھے ان سے کے نام۔ اگر ہو سچے" O

۳۲.　عرض کرنے لگے "پاکی ہے تیری، نہیں ہے کچھ علم ہمیں مگر جو کچھ دیا تو نے ہمیں بیشک تو ہی علم والا حکمت والا ہے O

۳۳.　فرمایا کہ "اے آدم بتا تو دو انہیں ان سب کے نام"۔ تو جب بتا دیا انھیں ان سب کے نام، فرمایا "کیا نہیں فرما دیا تھا میں نے تمہیں کہ بلاشبہ میں ہی جانتا ہوں غیب کو آسمانوں اور زمین کے، اور جانتا ہوں جو کچھ تم ظاہر کرتے ہو اور جو کچھ چھپاتے ہو"۔ O

۳۴.　اور جب حکم دیا ہم نے فرشتوں کے لیئے سجدہ کرو آدم کو، تو سب نے سجدہ کیا سوا ابلیس کے۔ اس نے انکار کیا اور بڑا بنا، اور ہو گیا کافروں سے۔ O

۳۵.    اور فرمایا ہم نے کہ اے آدم، رہو تم اور تمہاری بیوی جنت میں اور دونوں کھاتے رہو اس سے بے کھٹکے جہاں چاہو، اور قریب نہ جانا اس شجر کے، کہ ہوجاؤ اندھیر والوں سے۔ O

۳۶.    پس پھسلا دیا دونوں کو شیطان نے اس سے۔ تو نکالا دونوں کو اس گھر سے جس میں وہ تھے۔ اور حکم دیا ہم نے کہ نیچے اتر جاؤ، تمہارا بعض کے لئے دشمن ہے۔ اور تمہارے لیے زمین میں ٹھکانہ اور رہن سہن ہے کچھ مدت تک۔ O

۳۷.    پس پالیا آدم نے اپنے پروردگار سے خاص کلمے۔ تو درگزر فرمادیا انہیں۔ بیشک وہی درگزر فرمانے والا بخشنے والا ہے۔ O

۳۸.    ہم نے حکم دیا کہ نیچے اتر جاؤ اس جنت سے سب کے سب۔ پھر اگر آئے تمہیں میری طرف سے کوئی ہدایت، تو جس نے پیروی کی میری ہدایت کی، تو نہ کوئی خوف ہے اس پر اور نہ وہ رنجیدہ ہوں۔ O

۳۹۔     اور جنہوں نے انکار کر دیا اور جھٹلایا ہماری آیتیں، وہ جہنم والے ہیں، وہی اس میں ہمیشہ رہنے والے ہیں۔ O

۴۰۔     اے اولاد یعقوب یاد کرو میری نعمت کو! جو انعام فرمایا تھا میں نے تم پر اور پورا کرو میرا عہد، کہ میں پورا کر دوں تمہارا عہد۔ اور بس مجھی کو تو ڈرا کرو۔ O

۴۱۔     اور مان جاؤ جو کچھ اتارا میں نے تصدیق کرنے والا اس کا جو تمہارے پاس ہے، اور سب سے پہلے انکار کرنے والے اس سے۔ اور نہ لو میری آیتوں کے بدلے تھوڑی قیمت۔ اور مجھی کو تو ڈرتے رہو۔ O

۴۲۔     اور نہ ملاؤ حق کو باطل سے۔ اور نہ چھپاؤ حق کو، جب کہ تم جان بوجھ رہے ہو۔ O

۴۳۔ اور ادا کرتے رہو نماز کو اور دیتے رہو زکوٰۃ کو اور رکوع کرو رکوع والوں کے ساتھ۔ O

۴۴۔ کیا حکم دیتے ہو لوگوں کو نیکی کا اور بھول جاتے ہو خود اپنے کو، حالانکہ تم تلاوت کرو کتاب کی، تو کیا عقل سے کام نہیں لیتے۔ O

۴۵۔ اور مدد مانگو صبر سے اور نماز سے۔ اور بیشک وہ ضرور بوجھ ہے مگر خشوع والوں پر۔ O

۴۶۔ جو سمجھیں کہ بیشک وہ ملنے والے ہیں اپنے پروردگار کے اور بیشک وہ اسی کی طرف لوٹنے والے ہیں۔ O

۴۷۔ اے اولاد یعقوب! یاد کرو میری نعمت کو، جو انعام فرمایا تھا میں نے تم پر اور بیشک میں نے ہی بڑھایا تھا تم کو زمانہ بھر پر۔ O

۴۸. (اور ڈرو اس دن کو کہ نہ بدلہ ہو کوئی کسی ناکس کا کچھ، اور نہ قبول جائے کسی ناکس کی سفارش اور نہ لی جائے اس ناکس سے رشوت، اور نہ وہ مدد دئے جائیں۔ O

۴۹. (اور جب نجات دلائی تھی ہم نے تم کو فرعونیوں سے۔ جو دیا کریں تم کو برا دکھ، ذبح کر دیا کریں تمہارے بیٹوں کو۔ اور زندہ رکھ چھوڑیں تمہاری عورتوں کو، اور تمہاری اس حالت میں آزمائش رہی تمہارے پروردگار کی طرف سے بہت بڑی۔ O

۵۰. اور جب پھاڑ دیا تھا ہم نے تمہارے سبب دریا کو تو بچا لیا ہم نے تمہیں اور ڈبو دیا ہم نے فرعونیوں کو، اور تم دیکھ رہے ہو۔ O

۵۱. اور جب کہ وعدہ دیا ہم نے موسیٰ کو چالیس رات کا۔ پھر بت بنا لیا تم نے گوسالے کو ان کے بعد، اور تم اندھیر والے ہو۔ O

۵۲.    پھر معاف فرما دیا ہم نے تم سے اس کے بعد۔ کہ اب شکر گزار رہو۔ O

۵۳.    اور جب کہ دی ہم نے موسیٰ کو کتاب اور حق ناحق کا امتیاز، کہ تم لوگ اب راہ راست پر آجاؤ۔ O

۵۴.    اور جب کہ کہا موسیٰ نے اپنی قوم کے لئے کہ اے میری قوم بیشک تم نے اندھیر کر دیا خود اپنے لیے اپنے بت بنا لینے سے گوسالہ کو، تو متوجہ ہو جاؤ۔ اپنے پیدا کرنے والے کی طرف، کہ قتل کر ڈالوں اپنوں کو۔ یہ بہتر ہے تمہارے پیدا کرنے والے کے نزدیک۔ پس توبہ قبول فرما لی تمہاری، بیشک وہی توبہ قبول فرمانے والا بخشنے والا ہے۔ O

۵۵.    اور جب تم لوگ بولے تھے کہ اے موسیٰ ہرگز نہ مانیں گے ہم آپ کو، یہاں تک کہ ہم دیکھ لیں اللہ کو علانیہ، پس پکڑا تم لوگوں کو کڑکتی بجلی نے، اور تم دیکھ رہے ہو۔ O

۵۶.     پھر اٹھایا ہم نے تمھیں بعد تمہاری موت کے، کہ اب شکر گزار ہو۔ O

۵۷.     اور سائبان کیا ہم نے تم پر ابر کو، اور اتارا تم پر من اور سلویٰ کو، کہ کھاؤ۔ پاکیزہ چیزوں سے جو دیا ہم نے تمھیں، اور انھوں نے نہیں اندھیر میں ڈالا ہم کو، لیکن وہ لوگ خود اپنے کو اندھیر میں ڈالتے تھے۔ O

۵۸.     اور جب کہ حکم دیا ہم نے کہ داخل ہو جاؤ اس آبادی میں پھر کھاتے رہو اس سے جہاں چاہو بے کھٹکے، اور داخل ہو دروازہ میں سجدہ کرتے ہوئے، اور عرض کرو کہ معافی ہو، ہم بخش دیں گے تمھیں تمہاری خطاؤں کو، اور قریب ہے کہ ہم زیادہ دیں احسان والوں کو۔ O

۵۹.     تو بدل ڈالا جنھوں نے اندھیر کر رکھا تھا بات کو اس کی دوسری بولی سے جو سکھائی گئی تھی انھیں، تو اتارا ہم نے ان پر جنھوں

نے اندھیر مچایا تھا عذاب کو آسمان سے، کہ وہ نافرمانی کرتے جا رہے تھے۔ O

۶۰. اور جبکہ پانی مانگا موسیٰ نے پانی قوم کے لئے، تو فرمایا ہم نے کہ مارو اپنے عصا سے پتھر کو۔ پس پھوٹ نکلے اس سے بارہ چشمے۔ ٹھیک جان لیا سب لوگوں نے اپنے اپنے گھاٹ کو۔ کھاتے رہو اور پیتے رہو اللہ کی روزی سے، اور نہ پھرتے رہو زمین میں فساد مچاتے۔ O

۶۱. اور جب عرض کیا تھا تم نے کہ اے موسیٰ ہرگز نہ صبر کریں گے ہم ایک غذا پر، تو پکارئیے ہمارے لیے اپنے پروردگار کو کہ نکالے ہمارے لیے جو اگایا کرتی ہے زمین، ساگ اور ککڑی اور گیہوں اور مسور اور پیاز۔ انہوں نے کہا کہ کیا بدل کر لینا چاہتے ہو اس کو جو کمتر ہے اس سے جو بہتر ہے؟ اترو مصر کسی شہر میں تو بیشک تمہارے لیے ہے جو کچھ تم نے مانگا۔ اور چھاپ دی گئی ان پر رسوائی اور

غربت اور لوٹے وہ غضب الٰہی میں۔ یہ اس لیے کہ بلا شبہ وہ انکار کرتے رہتے تھے اللہ کی آیتوں کا اور قتل کرتے انبیاء کو ناحق۔ یہ غضب اس لیے کہ گناہ کیا انھوں نے اور حد سے بڑھ جاتے تھے۔ O

۶۲. بیشک مسلمان قوم اور یہودی قوم اور عیسائی قوم اور صابی قوم، جواب واقعی مان گیا اللہ اور پچھلے دن کو اور کیئے کرنے کے لائق کام، تو انھیں کے لئے ہے ان کا ثواب ان کے رب کے پاس، اور نہ کوئی خوف ہے ان پر اور نہ وہ رنجیدہ ہوں۔ O

۶۳. اور جبکہ لیا تھا ہم نے تم لوگوں کا مضبوط عہد اور اٹھا کر کر دیا تمہارے اوپر طور کو، کہ لو جو کچھ دے رکھا ہے ہم نے تمہیں مضبوطی سے اور یاد کر لو جو کچھ اس میں ہے، کہ تم ڈرنے لگو۔ O

۶۴. پھر پلٹ گئے تم اس کے بعد۔ تو اگر نہ ہوتا اللہ کا فضل تم پر اور اس کی رحمت، ضرور تم ہوتے خسارہ والوں سے۔ O

۶۵. اور یقیناً تم جان چکے ہو انھیں جو حد سے بڑھ گئے تھے تم میں سے سینچر کے بارے میں، تو فرما دیا ہم نے انھیں کہ ''ہو جاؤ بندر ذلیل''O

۶۶. تو بنا دیا ہم نے اس کو عبرت ان کے لیے جو موجود ہوں اور جو بعد اور نصیحت ڈر جانے والوں کے لیے۔ O

۶۷. اور جبکہ کہا موسیٰ نے اپنی قوم کے لئے کہ بیشک اللہ حکم دیتا ہے تمھیں ''ذبح کرو گائے کو'' بولے 'کیا آپ بناتے ہیں ہمیں مسخرہ؟'' جواب دیا، کہ ''پناہ مانگتا ہوں اللہ سے کہ میں ہو جاؤں نادانوں سے''O

۶۸. وہ ایسی گائے ہے کہ نہ بڈھی بہلا ہے اور نہ بچھیا اور سر ہے، جوان دونوں کے درمیان۔ اب کر ڈالو جو کچھ حکم دئے گئے ہو۔ O

۶۹.	سب نے عرض کیا کہ پکارئیے، ہمارے لئے پانے پروردگار کو کہ بیان فرمادے ہمیں کہ "کیا رنگ ہے اس کا" جواب دیا کہ بیشک وہ فرماتا ہے کہ بیشک وہ گائے ہے زرد رنگ والی، تیز ہے اس کا رنگ، بھلی لگتی ہے، دیکھنے والوں کو۔ O

۷۰.	سب بولے کہ پکارئیے ہمارے لئے اپنے پروردگار کو کہ بیان فرمادے ہمارے لئے کون سی وہ گائے ہے، بیشک گائے مشتبہ ہوگئی ہے ہم پر، اور یقیناً ہم اگر اللہ نے چاہا ٹھیک راہ پر جانے والے ہیں۔ O

۷۱.	جواب دیا کہ بیشک وہ فرماتا ہے "وہ گائے ہے نہ جفاکشی والی کہ جوتے زمین اور نہ سینچے کھیت کو، تندرست، کوئی داغ نہیں جس میں، سب بولے اب لائے آپ ٹھیک بات، پھر سب نے ذبح کیا اسے، اور تیار نہ تھے کہ کریں۔ O

۷۲.	اور جبکہ قتل کر ڈالا تھا تم نے ایک جان کو پھر ایک دوسرے
پر ڈھیلا تم نے اس بارے میں، اور اللہ ہے ظاہر فرمانے پر اسے جو تم
چھپاتے تھے۔ O

۷۳.	پس حکم دیا ہم نے کہ مارو مقتول کو اس کے ایک ٹکڑے
سے، اسی طرح زندہ فرمادے اللہ مردوں کو، اور دکھاتا ہے تمہیں اپنی
نشانیاں کہ اب تم عقل سے کام لو۔ O

۷۴.	پھر سخت ہو گئے تمہارے دل اس کے بعد تو وہ جیسے پتھر
ہیں، بلکہ اور زیادہ سخت۔ اور بیشک کچھ پتھر ہیں کہ پھوٹ نکلتی ہیں جن
سے نہریں۔ اور بیشک کچھ پتھر ہیں کہ پھٹ جاتے ہیں تو نکل پڑتا ہے
اس سے پانی۔ اور بیشک کچھ پتھر ہیں کہ گر پڑتے ہیں اللہ کے خوف
سے۔ اور انہیں ہے اللہ غافل اس سے جو تم کرو۔ O

۷۵.	تو کیا تم لوگ لالچ کرتے ہو اس کی کہ یہ سب مان جائیں
تمہیں؟ حالانکہ بیشک ان کی جمعیت والے تھے کہ سنا کریں اللہ کے

کلام کو، پھر کچھ کا کچھ کر دیں اس کے اس کے بعد کہ وہ سمجھ چکے ہیں اسے، اور وہ دانستہ کیا کریں۔ O

۷۶. اور جب ملے مسلمانوں کو کہنے لگے کہ ہم ایمان لا چکے۔ اور جب اکیلا ہوا ان کا کوئی کسی کے پاس، بکنے لگے کہ کیا بتا دیا کرتے ہو انھیں جو کچھ کھولا اللہ نے تم پر، تاکہ ہرا دیں تم کو اس سے تمہارے پروردگار کے یہاں، تو کیا عقل سے کام نہیں لیتے۔ O

۷۷. کیا یہ لوگ نہیں جانتے کہ بیشک اللہ جانتا ہے جو کچھ وہ چھپائیں اور جو کچھ ظاہر کریں۔ O

۷۸. اور ان کے بعض ان پڑھ ہیں، نہیں سمجھتے کتاب کو مگر رٹے ہوئے الفاظ اور اوہام اور وہ نہیں ہیں کہ مگر یہ کہ وہم پرستی کریں۔ O

۷۹. تو ہلاکی ہے ان کے لیے جو لکھیں کتاب کو اپنے ہاتھوں سے، پھر دعویٰ کریں کہ یہ اللہ کی طرف سے ہے، تاکہ لیں اس کے بدلہ تھوڑی سی قیمت، تو ہلاکی ہے ان کے لیے اس سے جو لکھا ان

کے ہاتھوں نے، اور بلا کی ہے ان کے لیے اس سے جو کمائی کریں۔ O

۸۰. اور کہہ گزرے کہ ہرگز نہ چھوئے گی ہم کو آگ، مگر چند دن کو، پوچھو کہ کیا لے رکھا ہے تم لوگوں نے اللہ کے یہاں کوئی عہد؟ تو اب ہرگز نہ خلاف فرمائے گا اللہ اپنے عہد کو، یا بک رہے ہو اللہ پر جس کو تم خود نہیں جانتے۔ O

۸۱. ہاں ہاں جس نے کمایا برائی کو اور گھیر لیا اسے اس کے جرم نے، تو وہ جہنم والے ہیں۔ وہی ہیں اس میں ہمیشہ رہنے والے۔ O

۸۲. اور جو مسلمان ہو گئے اور کئے کرنے کے قابل کام، وہ جنت والے ہیں۔ وہی اس میں ہمیشہ رہنے والے ہیں۔ O

۸۳. اور جب کہ لیا ہم نے مضبوط عہد اولاد یعقوب کا کہ نہ چین اللہ کے سوا، اور ماں باپ سے بھلائی کرنے کا، اور قرابت والوں اور یتیموں اور مسکینوں سے، اور بولا کرو لوگوں کی بھلائی کے لئے اچھی

بولی، اور ادا کرتے رہو نماز کو، اور دیتے رہو زکوٰۃ کو۔ پھر پلٹ گئے تم لوگ مگر تھوڑے تم میں سے، اور تم لوگ رو گردانی کرتے رہنے والے ہو۔ O

۸۴۔ اور جبکہ لیا ہم نے مضبوط عہد تمہارا کہ نہ بہاؤ خون اپنوں کا، اور نہ نکال باہر کر دیا کرو تم اپنوں کو اپنی آبادیوں سے۔ پھر اقرار کر لیا تم نے اور تم خود چشم دید سا جانتے ہو۔ O

۸۵۔ پھر تمہیں وہ ہو کہ قتل کرو اپنوں کو، اور نکال باہر کرتے رہو ایک فریق کو اپنے ان کی بستیوں سے مدد کرتے رہو ان کے خلاف گناہ اور ظلم میں۔ اور اگر آئیں تمہارے پاس قیدی، مال دے کر چھڑا لیتے ہو انھیں، حالانکہ حرام ہے تم پر ان کا نکال باہر کرنا۔ تو کیا مانا کرو کچھ کتاب کو، اور انکار کر دیا کرو کچھ کا؟ تو کیا سزا ہے اس کی جو کرے یہ تم میں سے، مگر رسوائی دنیاوی زندگی میں، قیامت کے دن ڈھکیل دیے

جائیں سخت تر عذاب کی طرف۔ اور نہیں ہے اللہ بےخبر اس سے جو
کرتے رہو۔ O

۸۶. وہ ہیں جنہوں نے مول لیا دنیاوی زندگی کو آخرت کے
بدلے، تو نہ ہلکا کیا جائے گا ان سے عذاب اور نہ وہ مدد کیئے جائیں۔ O

۸۷. اور یقیناً ہم نے دی موسیٰ کو کتاب اور لگاتار بھیجے ہم نے ان
کے بعد بہت رسول۔ اور دین ہم نے عیسیٰ فرزند مریم کو روشن
نشانیاں اور تائید فرمائی ہم نے ان کی روح القدس سے۔ تو کیا جب
لایا تمہارے پاس کوئی رسول وہ جس کو نہیں چاہتا تم لوگوں کا نفس، تم
لوگ غرور کرنے لگے۔ تو کسی کو تم نے جھٹلا دیا، اور کسی کو شہید کر
ڈالو۔ O

۸۸. اور بکنے لگے کہ ہمارے دل غلاف میں ہیں۔ بلکہ ملعون کیا ان
کو اللہ نے ان کے کفر کی وجہ سے، تو کچھ ہی ان کے ایمان لائیں O

۸۹. اور جب آ گئی ان کے پاس کتاب، اللہ کے پاس سے تصدیق کرنے والی اس کی جو ان کے پاس ہے، اور وہ تھے پہلے کہ فتح طلب کیا کریں ان پر جنھوں نے کفر کیا تھا، تو جب آ گیا ان کے پاس جن کو پہچان چکے تھے تو انکار کر دیا انکا۔ تو پھٹکار ہے اللہ کی انکار کر دینے والوں پر O

۹۰. کتنا برا دام ہے وہ کہ خریدا انھوں نے جس سے اپنے نفس کو، یہ کہ انکار کر دیا کریں اس کا جو اتارا اللہ نے! حسد میں اس کے کہ اتارتا ہے اللہ اپنے فضل سے جس پر چاہے اپنے بندوں سے۔ تو ہو گئے غضب بالائے غضب میں۔ اور انکار کر دینے والوں ہی کے لئے عذاب ہے رسوائی والا O

۹۱. اور جب کہا گیا ان کے بھلے کو کہ مان جاؤ جو کچھ اتارا ہے اللہ نے، جواب دیا کہ ہم مانتے ہیں جو کچھ اتارا گیا ہم پر اور انکار رکھتے ہیں جو کچھ اس کے سوا ہے، حالانکہ وہ حق ہے تصدیق کرنے والا اس کے

لئے جوان کے پاس ہے ۔ جواب دو کہ پھر کیوں شہید کرنے کے عادی

ہو اللہ کے نبیوں کو پہلے سے ، اگر تم تھے بڑے ایمان والے ؟ O

۹۲.     اور یقیناً لائے تمہارے پاس موسیٰ روشن نشانیاں ، پھر بت

بنا لیا تم نے گوسالہ کو ان کے بعد ، اور تم لوگ اندھیر والے ہو O

۹۳.     اور جبکہ لیا ہم نے مضبوط عہد تمہارا اور اٹھا کر کر دیا تمہارے

اوپر طور کو ، کہ لو جو کچھ دیا ہے ہم نے تمہیں مضبوطی سے اور کان لگاؤ ،

سب بولے کہ سنا ہم نے اور نہیں مانا ، اور پلا دیے گئے اپنے دلوں

میں گوسالہ اپنے کفر کی وجہ سے ۔ کہہ دو کہ کتنا برا ہے حکم دیتا ہے

تمہیں جس کا تمہارا ایمان ، اگر تم ایمان والے ہو O

۹۴.     پوچھو کہ اگر ہے تمہارے ہی لئے دار آخرت اللہ کے پاس

خالص ، سب کو چھوڑ کر ، تو آرزو کرو مرنے کی ، اگر ہو سچے O

۹۵. اور ہرگز آرزو نہ کریں گے اس کی کبھی ان جرموں کے سبب جو پہلے کر چکے ان کے ہاتھ۔ اور اللہ جاننے والا ہے اندھیر مچانے والوں کو O

۹۶. اور ضرور پاتے رہو گے تم ان کو سب سے زیادہ لالچی زندگی پر۔ اور ان سے جنہوں نے شرک کر رکھا ہے، چاہتا ہے ہر ایک ان کا کہ کاش زندہ رکھا جائے ہزار سال۔ حالانکہ دور کرنے والا نہیں ہے اس کو عذاب سے معمر ہو جانا۔ اور اللہ دیکھنے والا ہے جو کچھ کر توت کریں O

۹۷. کہہ دو کہ کون ہے دشمن جبرئیل کا، کہ بیشک اس نے تو اتارا اس کو تمہارے دل پر اللہ کے حکم سے، جو تصدیق کرنے والا ہے اس کا جو اس کے آگے ہے، اور ہدایت اور خوشخبری ہے مان جانے والوں کے لئے O

۹۸. جو ہوا دشمن اللہ اور اس کے فرشتوں اور اس کے رسولوں اور جبرائیل اور میکائیل کا، تو بیشک اللہ دشمن ہے نہ ماننے والوں کاO

۹۹. اور یقیناً اتارا ہم نے تمہاری طرف روشن آیتوں کو اور نہ انکار کریں ان کا مگر نافرمان لوگO

۱۰۰. اور کیا جب عہد کیا انہوں نے کسی معاہدے کا، توڑ پھینکا اس کو ایک جمعیت نے ان کی بلکہ ان کے بہتیرے مانتے ہی نہیںO

۱۰۱. اور جبکہ آگیا ان کے پاس رسول، اللہ کے یہاں سے، تصدیق کرنے والا اس کا جو ان کے ساتھ ہے تو پھینک ڈالا ایک جمعیت نے جو دیے جا چکے تھے کتاب، اللہ کی کتاب کو اپنے پس پشت، گویا وہ جانتے ہی نہیںO

۱۰۲. اور پیروی کی اس کی جو لکھا پڑھا کریں شیطان لوگ سلیمان کی سلطنت ہونے پر، حالانکہ نہیں کفر کا کام کیا سلیمان نے، لیکن

شیطانوں ہی نے کفر کا کام کیا۔ سکھایا کریں لوگوں کو جادو اور جو اتارا گیا بابل میں دو فرشتوں ہاروت اور ماروت پر۔ اور وہ نہ سکھایا کریں کسی کو یہاں تک کہ کہہ دیا کریں کہ ہم بس بلا ہی ہیں، تو تم کفر کا کام نہ کرنا۔ تو وہ سیکھا کرتے ان سے جس سے جدائی ڈال دیں میاں اور اس کی بیوی کے درمیان۔ اور نہیں ہیں وہ بگاڑ سکنے والے اس سے کسی کا، مگر اللہ کے حکم سے۔ اور وہ لوگ سیکھا کرتے وہ جو نقصان دے انہیں اور نفع نہ دے انہیں۔ اور یقیناً جان چکے تھے کہ بلاشبہ جس نے مول لیا اس کو، نہیں ہے اس کے لئے آخرت میں کچھ بھلائی۔ اور بیشک کتنا برا ہے وہ کہ خریدا جس نے انہوں نے اپنے نفس کو، اگر علم سے کام لیتے O

۱۰۳. اور اگر بیشک وہ ایمان لاتے اور ڈرتے، تو ضرور ثواب بارگاہ الٰہی بہتر ہے، اگر وہ جانتے O

۱۰۴۔ اے مسلمانو! تم مت کہا کرو ''راعنا'' اور عرض کرو کہ ''ہمیں دیکھئے'' اور سنتے رہو۔ اور کافروں کے لئے عذاب دکھ والا O

۱۰۵۔ نہیں چاہتے جنھوں نے کفر کیا ہے، اہل کتاب اور نہ بت پرستوں سے، یہ کہ اتاری جائے تم پر کوئی بہتری تمہارے پروردگار کی۔ اور اللہ چن لیا کرے اپنی رحمت سے جسے چاہے۔ اور اللہ بڑے فضل والا ہے O

۱۰۶۔ جب منسوخ قرار دیں ہم کوئی آیت یا بھلا دیں اسے، لے آئیں بہتر اس سے یا اسی کے مثل۔ کیا معلوم نہیں کہ بیشک اللہ ہر چاہے پر قدرت والا ہے؟ O

۱۰۷۔ کیا معلوم نہیں کہ بیشک اللہ، اسی کی ہے حکومت آسمانوں اور زمین کی؟۔ اور نہیں تمہارا کوئی اللہ کا مدمقابل یاور اور نہ مددگار O

۱۰۸.	یا کیا چاہتے ہو کہ پوچھ گچھ میں رکھو اپنے رسول کو، جس طرح سوال کیئے گئے موسیٰ پہلے؟۔ اور جو بدل کر لے لے کفر کو ایمان سے، تو بیشک گم کر دیا اس نے ہموار راستہ O

۱۰۹.	چاہا بہتیروں نے اہل کتاب سے کہ کاش پھیر کر کریں تمہیں، تمہارے ایمان لانے کے بعد کافر، حسد میں اپنے، بعد اس کے کہ روشن ہو چکا ان کے لیئے حق۔ تو ہٹاؤ، اور درگذرو، یہاں تک کہ لائے اللہ اپنا حکم۔ بیشک اللہ ہر چاہے پر قدرت والا ہے O

۱۱۰.	اور ادا کرتے رہو نماز کو اور دیتے رہو زکوٰۃ کو، اور جو کچھ پہلے کر رکھو گے اپنے بھلے کو کوئی نیکی، پاؤ گے اس کو اللہ کے یہاں۔ بیشک اللہ جو کچھ کرو دیکھنے والا ہے O

۱۱۱.	اور دعویٰ کر دیا کہ ہرگز نہ داخل ہوں گے جنت میں مگر وہ، جو ہو گئے یہودی یا عیسائی لوگ۔ یہ ان کی خیالی گپیں ہیں۔ جواب میں کہو کہ لاؤ اپنی دلیل، اگر ہو تم سچے O

۱۱۲۔ لیکن ہاں، جس نے جھکا دیا اپنے رخ کو اللہ واسطے اور وہ مخلص ہے، تو اسی کے لئے ہے اس کا ثواب اس کے پروردگار کے یہاں، اور نہ کوئی ڈر ہے ان پر اور نہ وہ رنجیدہ ہوں O

۱۱۳۔ اور بولے یہودی لوگ کہ نہیں ہیں عیسائی لوگ کچھ... اور بولے عیسائی لوگ کہ نہیں ہیں یہودی لوگ کچھ... حالانکہ وہ سب تلاوت کریں کتاب کی۔ اسی طرح بول پڑے وہ جو علم نہیں رکھتے ان کی بولی جیسی۔ تو اللہ فیصلہ فرمائے گا ان کے درمیان قیامت کے دن، جس چیز میں وہ جھگڑا کیا کرتے تھے O

۱۱۴۔ اور اس سے زیادہ اندھیر والا کون ہے جس نے روک دیا اللہ کی مسجدوں کو کہ یاد کیا جائے ان میں سے اس کا نام، اور کوشش کی ان کی ویرانی میں۔ وہی ہیں کہ نہیں ہے ان کو حق کہ داخل ہوں ان میں مگر ڈرتے ڈرتے۔ انہیں کے لئے دنیا میں رسوائی ہے اور انہیں کے لئے آخرت میں عذاب ہے بہت بڑا O

۱۱۵.   اور اللہ ہی کا ہے پورب اور پچھم، تو جدھر تم رخ قبلہ ہو تو ادھر اللہ کا رخ ہے۔ بیشک اللہ وسعت دینے والا علم والا ہے O

۱۱۶.   اور کہہ پڑے کہ رکھ لیا ہے اللہ نے اولاد، سبحان اللہ، بلکہ اسی کا ہے جو کچھ آسمانوں اور زمین میں ہے، سب اس کے پجاری ہیں O

۱۱۷.   بے اصل و بے مثل ایجاد فرمانے والا آسمانوں اور زمین کا... اور جب طے فرما لیا کسی امر کو، تو بس حکم دیتا ہے اسے کہ ''ہو جا'' تو وہ ہو جاتا ہے O

۱۱۸.   اور بولے جو علم نہیں رکھتے کہ کیوں نہیں مخاطب فرماتا ہمیں اللہ یا آملتی ہم کو کوئی پہچان۔ اسی طرح بولے تھے جو ان کے پہلے سے ہوئے انہیں کی بولی جیسی۔ ملے جلے رہے ان سب کے دل۔ بیشک ظاہر فرما دیا ہم نے آیتوں کو اس قوم کے لئے جو یقین رکھیں O

۱۱۹.   بیشک ہم نے بھیجا تم کو بالکل حق، خوشخبری سنانے والا، اور
ڈرانے والا، اور نہ پوچھے جاؤ گے اہل جہنم کے بارے میں O

۱۲۰.   اور ہر گز نہ خوش ہوں گے تم سے یہود اور نہ عیسائی لوگ،
یہاں تک کہ پیروی کرو ان کے دین کی۔ کہہ دو کہ بیشک اللہ کی ہدایت
ہی ہدایت ہے۔ اور بیشک اگر پیروی کر سکتے تم ان کی خواہشوں کی،
بعد اسے کے جو آ ملا تم کو علم، نہ ہوتا تمہارے لئے اللہ والوں سے
کوئی یار اور نہ کوئی مددگار O

۱۲۱.   جن کو دی ہم نے کتاب، تلاوت کیا کریں جو اس کی تلاوت
کا حق ہے۔ وہی مانیں اسے۔ اور جو انکار کردے اس کا، تو وہی خسارہ
والے ہیں O

۱۲۲.   اے اولاد یعقوب! یاد کرو میری نعمت کو، جو انعام کو، جو
انعام فرمایا میں نے تم پر، اور بیشک میں نے ہی بڑھا دیا تھا تم کو زمانہ
بھر پر O

۱۲۳۔ اور ڈرو اس دن کو کہ نہ بدلہ ہو کوئی کسی ناکس کا کچھ، اور نہ قبول کی جائے کسی ناکس کی رشوت، اور نہ کام آئے کسی ناکس کے کوئی سفارش، اور نہ وہ مدد دئے جائیں O

۱۲۴۔ اور جبکہ جانچا ابراہیم کو ان کے پروردگار نے چند باتوں میں، تو سرانجام دیا انہیں، فرمایا کہ بیشک میں کر دینے والا ہوں تمہیں لوگوں کے لئے پیشوا۔ عرض کی "اور میر نسل ہے؟"۔ فرمایا نہ پہنچے گا میرا مضبوط عہد اندھیر والوں کو O

۱۲۵۔ اور جب کہ بنایا ہم نے اس گھر کو مرکز ثواب لوگوں کے لئے اور پناہ۔ اور بنا لو مقام ابراہیم کو جا نماز اور تاکیدی حکم بھیجا ہم نے ابراہیم و اسمٰعیل کی طرف، کہ تم دونوں پاک وصاف رکھو میرے گھر کا طواف کرنے والوں اور اعتکاف کرنے والوں اور رکوع والوں سجدہ والوں کے لئے O

۱۲۶۔ اور جبکہ دعا کی ابراہیم نے کہ ''اے پروردگار کردے اس کو پناہ دینے والا شہر اور روزی دے یہاں والوں کو پھلوں سے جو مان گیا ان میں سے اللہ اور پچھلا دن''۔ فرمایا اور جس نے انکار کیا تو برتنے دوں گا اسے کچھ، پھر مجبور کروں گا اسے عذاب جہنم کی طرف۔ اور وہ بڑا ٹھکانہ ہے O

۱۲۷۔ اور جب کہ اٹھا رہے ہیں ابراہیم بنیادوں کو اس گھر کی اور اسماعیل کہ ''اے ہمارے پروردگار قبول فرمالے ہم سے، بیشک تو ہی سننے والا جاننے والا ہے O

۱۲۸۔ اے ہمارے پروردگار کردے ہم کو نیاز مند اپنا اور ہماری نسل سے ایک جماعت نیاز مند تیری، اور سامنے رکھ دے ہماری عبادت کے طریقوں کو، اور توجہ رکھ ہم پر، بیشک تو ہی توبہ قبول فرمانے والا بخشنے والا ہے O

۱۲۹۔ اے ہمارے پروردگار اور بھیج دے ان میں ایسا رسول ان میں سے کہ تلاوت کرے ان پر تیری آیتیں، اور سکھائے انہیں کتاب اور حکمت، اور پاک صاف فرما دے ان کو۔ بیشک تو ہی غلبہ والا حکمت والا ہے O

۱۳۰۔ اور کون بے رغبتی کرے دین ابراہیم سے، مگر جس نے بیوقوف بنا لیا خود اپنے کو۔ اور بیشک یقیناً چن لیا ہم نے ان کو دنیا میں اور بیشک وہ آخرت میں یقیناً لائقوں سے ہیں O

۱۳۱۔ جب حکم دیا انہیں ان کے پروردگار نے کہ ''سر جھکاؤ'' عرض کیا کہ ''سر جھکا دیا میں نے سارے جہان کے پروردگار کے لئےO

۱۳۲۔ اور وصیت کی اسی نیازمندی کی ابراہیم نے اپنے بیٹوں کو اور یعقوب نے، کہ اے بچو! بیشک اللہ نے چن لیا تمہارے بھلے کو دین۔ تو ہرگز نہ مرو مگر اس حال میں کہ تم مسلمان ہو O

۱۳۳. کیا نہیں تھے تم گواہ جب کہ آئی یعقوب کو موت، جب کہ پوچھا تھا اپنے بیٹوں کے بھلے کو کہ کس کو پوجو گے میرے بعد۔ سب نے جواب دیا کہ پوجیں گے آپ کے معبود کو، اور آپ کے باپ دادا ابراہیم و اسمٰعیل و اسحٰق کے معبود کو، معبود یکتا۔ اور ہم اسی کے نیاز مند ہیں O

۱۳۴. یہ وہ امت ہے جو گزر چکی۔ اس کے لئے وہ ہے جو اس نے کمایا اور تمہارے لئے وہ ہے جو تم نے کمایا۔ اور تم جواب وہ نہ ہو گے اس کے جو وہ کرتے تھے O

۱۳۵. اور بولے کہ ہو جاؤ یہودی یا عیسائی تو راہ پا جاؤ... جواب دو بلکہ دین ابراہیم کو، جو یکسوئی سے خدا پرست تھے، اور نہ تھے مشرکوں سے O

۱۳۶. کہہ دو کہ ہم مان گئے اللہ اور جو کچھ اتارا گیا ہماری طرف، اور جو کچھ تارا گیا ابراہیم اور اسماعیل اور اسحاق اور یعقوب اور ان کی نسل

کی طرف اور جو کچھ دیے گئے موسیٰ اور عیسیٰ، اور جو کچھ دئیے گئے سارے انبیاء اپنے پروردگار کی طرف سے، ہم نہیں چھوڑتے کوئی ان کا، اور ہم اسی کے نیازمند ہیں O

۱۳۷. تو اگر وہ لوگ مان گئے، جیسے تم مان چکے ہوا سے، تو بیشک انہوں نے راہ پا لی۔ اور اگر پھرے رہے تو بس وہ ہٹ دھرمی میں ہیں۔ تو اب کافی ہے تمہیں ان کے بارے میں اللہ، اور وہی سننے والا جاننے والا ہے O

۱۳۸. اللہ کے رنگے ہوئے، اور کون زیادہ اچھا ہے اللہ سے رنگنے میں، اور ہم اسی کے پجاری ہیں O

۱۳۹. کہہ دو کیا کٹ حجتی کرتے ہو ہم سے اللہ کے بارے میں، حالانکہ وہ ہمارا پروردگار ہے اور تمہارا پالنہار ہے۔ اور ہمارے لئے ہمارے اعمال ہیں اور تمہارے لئے تمہارے کرتوت ہیں اور ہم محض اسی کے لئے ہیں O

۱۴۰۔ کیا تم کہتے ہو کہ بیشک ابراہیم اور اسماعیل اور اسحاق اور یعقوب اور ان کی نسل یہودی تھے یا نصاریٰ؟ پوچھو کہ "کیا تم زیادہ جانتے ہو یا اللہ؟" اور اس سے زیادہ اندھیر والا کون ہے جس نے چھپایا گواہی کو جو اس کے پاس ہے اللہ کی طرف سے۔ اور انہیں ہے اللہ غافل اس سے جو کچھ کروO

۱۴۱۔ یہ وہ امت ہے جو گزر چکی... اس کے لئے ہے جو کچھ اس نے کمایا، اور تمہارے لئے ہے جو کچھ تم نے کمایا۔ اور نہ پوچھے جاؤ گے اس سے جو کچھ وہ کرتے تھےO

۱۴۲۔ اب بکیں گے بیوقوف لوگ کہ کس نے پھیر دیا ان مسلمانوں کو ان کے اس قبلہ سے جس پر تھے۔ کہہ دو کہ اللہ ہی کے لئے ہے پورب پچھم۔ چلائے جسے چاہے سیدھا راستہO

۱۴۳۔ اور اسی طرح کر دیا ہم نے تم کو بہتر امت، تاکہ ہو جاؤ گواہ لوگوں پر۔ اور رسول تم پر گواہ و نگراں ہو جائیں۔ اور ہم نے نہیں بنایا

تھا اس قبلہ کو جس پر تم تھے مگر اس لئے تھا کہ الگ معلوم کرا دیں جو غلامی کرے رسول کی ان سے جو الٹے پاؤں لوٹے۔ گویہ بات گراں ہوئی مگر ان پر جن کو اللہ نے ہدایت دی۔ اور نہیں ہے اللہ کہ بے کار کردے تمہارے ایمان کو۔ بیشک اللہ لوگوں پر بیحد مہربان رحمت والا ہے O

۱۴۴۔ ہم ملاحظہ کر رہے ہیں تمہارے چہرہ کے بار بار اٹھنے کو آسمان کی طرف، تو ضرور پھیر دیں گے ہم تم کو تمہارے پسندیدہ قبلہ کی طرف، تو اب پھیر دو اپنا رخ مسجد حرام کی طرف، اور تم لوگ جہاں کہیں ہو اپنا اپنا رخ اسی کی طرف کرو۔ اور بیشک جو دیئے گئے تھے کتاب، ضرور جانتے ہیں کہ بیشک یہ حق ہے ان کے رب کی طرف سے، اور نہیں ہے اللہ بےخبر ان کے کرتوتوں سے O

۱۴۵۔ اور اگر لاتے تم ان کے پاس جن کو کتاب دے چکا ہی ہے ساری نشانی نہ پیروں کرتے تمہارے قبلہ کی، اور نہ تم ہی ان کے قبلہ

کے پیرو ہو، اور نہ خود ان میں ایک دوسرے کے قبلہ کا پیرو ہے۔
اور اگر کوئی تمہارا ہو کر پیروی کرے ان کی خواہشوں کی بعد اس کے کہ
آیا تمہارے پاس علم، تو بیشک وہ تمہارا اس صورت میں حد سے بڑھ
جانے والوں سے ہے O

١٤٦. جن کو ہم نے کتاب دی ہے پہچانتے ہیں پیغمبر اسلام کو
جیسے لوگ اپنے بیٹوں کو پہچانیں۔ اور بیشک ان میں سے ایک گروہ حق
کو ضرور چھپاتا ہے جانتے بوجھتے O

١٤٧. یہ حق ہے لوگو! تمہارے رب کی طرف سے، تو ہرگز شک نہ
کرنا O

١٤٨. اور ہر ایک کے لئے ایک رخ ہے کہ اس کی طرف متوجہ
ہے تو نیکیوں میں آگے بڑھنے کی خواہش کرو، جہاں کہیں ہو گے تم
سب کو اللہ لے آئے گا۔ بیشک اللہ ہر چاہے پر قادر ہے O

۱۴۹.   اور جہاں سے نکلو اپنا منہ مسجد حرام کی طرف رکھو، اور بیشک وہ ضرور حق ہے تمہارے پروردگار کی طرف سے، اور نہیں ہے اللہ بیخبر تمہارے کئے عملوں سے O

۱۵۰.   اور جہاں سے سفر کرو تو اپنے منہ کو مسجد حرام کی طرف کیا کرو۔ اور جہاں بھی رہو اپنا اپنا منہ اسی طرف پھیرا کرو، تاکہ نہ رہ جائے لوگوں کو تم پر کوئی حجت، مگر وہ جو حد سے بڑھ چکے ہیں، تو ان سے ڈرو مت اور مجھی کو ڈرو، اور تاکہ میں اپنی نعمت تم پر پوری کر دوں، اور ایسا ہو کہ تم ہدایت پاؤ O

۱۵۱.   جیسا کہ بھیجا ہم نے تم میں ایک رسول، تم میں سے، تلاوت کریں تم پر ہماری آیتیں اور پاک کریں تم کو اور سکھائیں تم کو کتاب، اور حکمت، اور بتائیں جو تم جانتے ہی نہ تھے O

۱۵۲.   تو میرا ذکر کرو، میں تمہارا چرچا کردوں گا اور میرے شکر گزار رہو، اور کفران نعمت نہ کرو O

۱۵۳۔ اے ایمان والو! مدد چاہو صبر اور نماز سے بیشک اللہ صبر کرنے والوں کے ساتھ ہے O

۱۵۴۔ اور مت کہو اس کو جو قتل کیا جائے اللہ کی راہ میں مردہ، بلکہ وہ زندہ ہیں، لیکن تمہیں شعور نہیں O

۱۵۵۔ اور ضرور ہی آزمائیں گے ہم تم کو کچھ ڈر اور بھوک سے، اور کچھ مالوں اور جانوں اور پھلوں کے نقصان سے، اور خوشخبری دے دو صبر کرنے والوں کو O

۱۵۶۔ جن کو جب مصیبت پہنچی، تو بولے کہ بیشک ہم اللہ کے لئے ہیں اور بیشک ہم اسی کی طرف لوٹنے والے ہیں O

۱۵۷۔ یہی لوگ ہیں جن پر بار بار درود ہے ان کے پروردگار کی طرف سے اور رحمت ہے۔ اور یہی ہیں ہدایت یافتہ O

۱۵۸.      بیشک صفا و مروہ اللہ کی نشانیوں سے ہیں پس جس نے بیت اللہ کا حج کیا یا عمرہ کیا، تو اس پر کوئی الزام نہیں کہ صفا مروہ کے پھیرے کاٹے، اور جس نے نفل کے طور پر ادا کیا نیکی کو، تو بیشک اللہ اجر دینے والا جاننے والا ہے O

۱۵۹.      بیشک جو لوگ چھپائیں وہ جو اتارا ہم نے روشن باتوں اور ہدایت کو بعد اس کے کہ بیان فرما دیا ہم نے اس کو لوگوں کے لئے کتاب میں، وہ لوگ ہیں کہ ان پر اللہ کی پھٹکار اور سارے لعنت کرنے والوں کی لعنت ہے O

۱۶۰.      مگر جس نے توبہ کرلی اور اصلاح کر دی اور کھول کر رکھ دیا، تو وہ لوگ ہیں کہ میں قبول فرمالوں گا ان کی توبہ کو۔ اور میں ہی توبہ کا بڑا قبول فرمانے والا رحمت والا ہوں O

۱۶۱.      بیشک جنھوں نے کفر کیا اور مرے کافر ہی، وہ لوگ ہیں جن پر اللہ کی لعنت ہے اور فرشتوں کی اور انسانوں کی سب کی O

۱۶۲۔ ہمیشہ رہنے والے اسی میں، نہ ہلکا کیا جائے گا ان پر عذاب اور نہ وہ مہلت دئیے جائیں گے O

۱۶۳۔ اور تم لوگوں کا معبود، ایک معبود ہے۔ کوئی معبود نہیں سوا اسی بڑے مہربان رحمت والے کے O

۱۶۴۔ بیشک آسمانوں اور زمین کی پیدائش، اور رات دن کے الٹ پھیر، اور کشتیاں جو دریا میں لئے چلتی ہیں اس کو جو لوگوں کو نفع دے، اور جو اتارا اللہ نے آسمان کی سمت سے پانی، پھر اس سے زندگانی دے دی زمین کو اس کے مر جانے کے بعد اور پھیلا دیا اس میں سبھی طرح کے جانور، اور ہواؤں کی مختلف چال، اور وہ ابر جو آسمان وزمین کے درمیان پابند ہے، ان سب میں ضرور نشانیاں ہیں اس قوم کے لئے جو عقل سے کام لے O

۱۶۵۔ اور عام لوگوں سے ایسے بھی ہیں جو بناتے ہیں اللہ کو چھوڑ کر گئے معبود، اور ان کی محبت رکھیں جیسے خدا کی محبت، اور جو ایمان لا چکے

وہ سب سے زیادہ متوالے ہیں اللہ کے لئے۔ اور کیا فائدہ اگر دیکھ ہی لیں یہ ظالم لوگ اس وقت جبکہ دیکھیں گے آنکھ سے عذاب کو کہ بلا شبہ زور اللہ کے لئے ہے سب، اور بیشک اللہ کا عذاب سخت ہے O

١٦٦۔ جس وقت کہ بیزار ہو گئے جن کی پیروی کی گئی ان سے جنہوں نے پیروی کی تھی، اور آنکھوں سے دیکھ لیا عذاب کو اور کٹ گئے ان کے رشتے O

١٦٧۔ اور بولے وہ جنہوں نے پیروی کی تھی، "کاش ہماری دنیا دوبارہ ہو تو ہم ان سے بے زار ہوں جس طرح انہوں نے ہم سے بے زاری کی ہے"۔ اسی طرح دکھاتا ہے ان کو اللہ ان کے کرتوتوں کو سامان حسرت بنا کر ان پر۔ اور نہیں ہیں وہ نکلنے والے جہنم سے O

١٦٨۔ اے لوگو! کھاؤ جو کچھ زمین میں سے ہے حلال پاکیزہ، اور نہ چلو قدم بہ قدم شیطان کے۔ بیشک وہ تمہارے لئے کھلا ہوا دشمن ہے O

۱٦۹ا.　بس وہ یہی حکم دیتا ہے برائی اور بے شرمی کا اور یہ کہ جوڑو
اللہ پر وہ جس کو تم جانتے ہی نہیں O

۱۷۰ا.　اور جب ان سے کہا گیا کہ پیروی کرو جس کو اللہ نے اتارا
ہے، تو بولے بلکہ ہم تو اس کی پیروی کرتے ہیں جس پر ہم نے اپنے
باپ دادا کو پایا۔ کیا گو ان کے باپ دادا نہ کچھ عقل ہی رکھتے ہوں اور نہ
ہدایت O

۱۷۱ا.　کافروں کی چال اس کی جیسی ہے جو آواز دے اس کو جو کچھ
سنتا ہی نہیں سوا چیخ اور پکار کے، بہرے گونگے اندھے، انہیں تو
عقل ہی نہیں O

۱۷۲ا.　اے ایمان والو! کھاؤ پاکیزہ چیزوں سے جو ہم نے تم کو
روزی فرما دی اور شکر گزار ہو اللہ کے، اگر تم اسی کو پوجتے ہو O

۱۷۳ا.　اور بس یہی حرام فرما دیا ہے تم پر مردار کو اور خون کو اور سور
کے گوشت کو اور اس جانور کو، جو ذبح کیا گیا غیر خدا کا نام لیتے ہوئے،

اور جو بے قرار ہو گیا نہ خواہشمند ہے اور نہ حد سے بڑھنے والا ہے، تو اس پر کوئی گناہ نہیں۔ بیشک اللہ بخشنے والا رحمت والا ہے O

۱۷۴. وہ لوگ نہیں کھاتے اپنے پیٹ میں مگر آگ، اور نہ کلام فرمائے گا ان سے اللہ قیامت کے دن اور نہ ان کو پاک فرمائے گا اور ان کے لئے دکھ دینے والا عذاب ہے O

۱۷۵. وہ لوگ ہیں جنھوں نے خریدا گمراہی کو ہدایت کے بدلے، اور عذاب کو بخشش کے بدلے۔ بڑے عجیب صبر کرنے والے ہیں آگ ہی پر۔ O

۱۷۶. یہ یوں کہ اللہ نے اتاری کتاب حق کے ساتھ، اور بیشک جنھوں نے پیدا کیا کتاب میں، ضرور وہ پرلے درجہ کے ضد میں ہیں۔ O

۱۷۷. نہیں ہے نیکی یہی کہ منہ کر لو پورب پچھم کی طرف، لیکن نیکی اس کی ہے جو مان گیا اللہ اور پچھلے دن اور فرشتوں اور کتاب اور

پیغمبروں کو، اور مال دیا اللہ کی محبت میں قرابت داروں کو اور یتیموں کو اور مسکینوں کو اور مسافر کو، اور منگتا لوگوں کو اور گردن آزاد کرانے میں، اور قائم رکھا نماز کو، اور دیا زکوٰۃ کو، اور پورا کرنے والے اپنے عہد کو جب معاہدہ کر چکے، اور صبر کرنے والے تنگی اور سختی میں اور جہاد کے وقت یہی لوگ ہیں جو سچے نکلے۔ اور یہی لوگ پرہیز گاری کرنے والے ہیں۔ O

۱۷۸۔ اے مسلمانو! فرض کر دیا گیا تم پر خون کا بدلہ لینا ناحق قتل کیۓ گیۓ لوگوں کے بارے میں۔ آزاد کے بدلے آزاد اور غلام کے بدلے غلام اور عورت کے بدلے عورت۔ ہاں جس کے لیۓ اس کے بھائی کی طرف سے کچھ معافی دے دی گئی تو دیت کا تقاضا کرنا ہے۔ عمدگی کے ساتھ اور اس کا ادا کر دینا ہے خوشی کے ساتھ۔ یہ تخفیف سزا تمہارے رب کی طرف سے ہے، اور رحمت، ہے تو جو

حد سے بڑھا اس کے بعد تو اس کے لئے دکھ دینے والا عذاب ہے۔ O

۱۷۹۔ اور تمہارے لئے خون کے بدلہ لینے میں زندگانی ہے اے عقل والو! کہ اب سے تم ڈرو۔ O

۱۸۰۔ تم پر فرض کیا گیا جب کہ آ جائے تم میں سے کسی کی موت اگر چھوڑے کچھ سرمایہ، کو وصیت کرنا، ماں باپ اور قرابت مندوں کے لئے نیک رواج کے موافق۔ یہ حق ہے پرہیزگاروں کے بازو پر۔ O

۱۸۱۔ تو جس نے وصیت بدل دی بعد اس کے کہ اس کو سن لیا، تو اس کا گناہ ان پر ہے جو اس کو بدل ڈالیں۔ بیشک اللہ سننے والا جاننے والا ہے۔ O

۱۸۲۔ ہاں جو ڈرا وصیت کرنے والے کی طرف سے کسی بے انصافی یا گناہ کو، پھر ان میں صلح کرادی تو اس پر کوئی گناہ نہیں۔ بیشک اللہ بڑا بخشنے والا رحمت والا ہے۔ O

۱۸۳۔ اے ایمان والو! فرض کیا گیا تم پر روزہ، جس طرح فرض کیا گیا ان پر جو تم سے پہلے تھے، کہ اب پرہیزگار ہو جاؤ۔ O

۱۸۴۔ چند گنتی کے دن پس جو تم میں سے بیمار ہو گیا، یا سفر پر ہو، تو شمار ہے۔ دوسرے دنوں میں اور ان پر جو طاقت کھو چکے ہیں روزہ کی فدیہ ہے ایک مسکین کو کھانا کھلا دینا، تو جس نے نفل کی طرح نیکی کی تو یہ اس کے لئے بہتر ہے، اور روزہ رکھنا تمہارے لئے بہتر ہے اگر تم علم سے کام لو۔ O

۱۸۵۔ مہینہ رمضان کا وہ کہ اتارا گیا جس میں قرآن، ہدایت انسانوں کے لئے اور روشن باتیں ہدایت اور فیصلہ کی، تو جس نے پا لیا تم میں سے اس مہینہ کو تو اس کے روزے رکھے اور جو بیمار ہے یا بحالت

سفر ہے، تو اس کے لئے شمار ہے دوسرے دنوں سے چاہتا ہے اللہ تمہارے ساتھ آسانی کو اور نہیں پسند فرماتا تمہارے لئے دشواری کو، اور اس لئے کہ مہینہ کی گنتی پوری کر لو اور اللہ کی تکبیر بولو جو تمہارے ہدایت فرمائی، اور اب تو شکر گزار ہو جاؤ۔ O

۱۸۶۔ اور جب پوچھیں تم سے میرے بندے مجھے، تو بیشک میں نزدیک ہوں، پکارنے والے کی دعا قبول فرماتا ہوں جب بھی پکارے۔ تو ان کا کام ہے کہ میرے فرمان کی تعمیل کرتے رہیں اور مجھ پر ایمان لے آئیں کہ اب تو نیک ہوں۔ O

۱۸۷۔ حلال کر دیا گیا تمہارے لئے روزوں کی رات کو اپنی عورتوں کے پاس جانا۔ وہ لباس ہیں تمہاری اور تم لباس ہو ان کے جان چکا تھا اللہ کی بیشک تم خیانت کر رہے تھے خود اپنی توبہ قبول نہ توبہ قبول فرمائی تم پر اور عفو فرما دیا تم سے۔ پس اب صحبت کرو ان سے اور خواہش کرو اس کی جو اللہ نے مقدر فرما دیا ہے تمہارے لئے اور کھاؤ

اور پیو یہاں تک کہ ظاہو ہو جائے تمہارے لئے آسمان کا سفید ڈورا سیاہ ڈورے سے پو کے پھٹنے سے، پھر پورا کرو روزہ کو رات تک اور نہ صحبت کرو بیبیوں سے جب کہ تم اعتکاف کر رہے ہو مسجدوں میں۔ یہ قانون الٰہی کی سرحدیں ہیں، تو ان کے قریب نہ جاؤ۔ اس طرح ظاہر فرماتا ہے اللہ اپنی نشانیوں کو لوگوں کے لئے کہ اب تو ڈریں۔ O

۱۸۸۔ اور نہ کھاؤ اپنے آپس کے مال کو بے جا اور نہ اس کا مقدمہ لے جاؤ حکام تک بایں غرض کہ لوگو کا کچھ مال ناحق کھا لو، جان بوجھ کرO

۱۸۹۔ تم سے پوچھتے ہیں چاند کی مختلف شکلوں کے بارے میں، کہہ دو یہ لوگوں کے لئے اور حج کے لئے تاریخ کی پہچان ہے۔ اور نہیں ہے نیکی اس میں کہ گھروں میں آؤ پچھواڑے سے، ہاں نیکی اس کی

ہے جس نے پرہیزگاری کی، اور آؤ گھروں میں ان کے دروازوں سے، اور اللہ سے ڈرو کہ اب کامیابی پاؤ۔ O

۱۹۰۔ اور لڑو اللہ کی راہ میں جو تم سے لڑیں اور کوئی زیادتی نہ کرو۔ بیشک اللہ پسند نہیں فرماتا زیادتی کرنے والوں کو۔ O

۱۹۱۔ اور ان کو مار ڈالو جہاں پا جاؤ ان کو، اور نکال دو جہاں سے نکالا تھا تم کو، اور ان کا فتنہ زیادہ سخت ہے مار ڈالنے سے اور نہ لڑو ان سے مسجد حرام کے پاس یہاں تک کہ تم سے لڑنے کی ابتدا حرم میں وہ کر گزریں تو اگر وہ خود تم سے لڑ پڑے تو مارو ان کو یہی سزا ہے کافروں کی۔ O

۱۹۲۔ پھر اگر باز آ گئے تو بیشک اللہ بخشنے والا رحمت والا ہے۔ O

۱۹۳۔    اور ان کو مارو یہاں تک کہ نہ رہ جائے کوئی فتنہ اور سب کا دین اللہ کے واسطے ہو جائے۔ پس اگر وہ باز آ گئے تو زیادہ سختی نہیں ہے مگر ظالموں پر۔ O

۱۹۴۔    ماہ حرام کا بدلہ ماہ حرام ہے اور آداب برتنے میں اولا بدلا ہے۔ تو جس نے زیادتی کی تم پر تو تم بھی زیادتی کرو اس پر جیسی اس نے زیادتی کی تھی تم پر۔ اور اللہ سے ڈرو اور یقین جانو کہ بیشک اللہ ڈرنے والوں کے ساتھ ہے۔ O

۱۹۵۔    اور خرچ کرو اللہ کی راہ میں اور نہ ڈالو خود کو اپنے ہاتھوں سے ہلاکت میں۔ اور احسان کرو۔ بیشک اللہ دوست رکھتا ہے احسان کرنے والوں کو۔ O

۱۹۶۔    اور پورا کرو حج و عمرہ کو اللہ کے لئے، پس اگر روک دئیے گئے تم تو بھیجو جو آسانی سے قربانی کا جانور ملے اور نہ منڈاؤ اپنے سروں کو یہاں تک کہ پہنچ جائے قربانی اپنی جگہ، تو جو تم میں سے بیمار

ہوا یا اس کے سر میں کچھ تکلیف ہے تو اس کے لئے بدلہ ہے روزے، یا خیرات، یا قربانی۔ پھر جب خیر و عافیت سے ہوئے، تو جس نے حج سے عمرہ کو ملا دینے کا فائدہ اٹھایا تو اس پر ہے جو یسر آئے قربانی۔ پر جس نے نہ پائی قربانی تو روزے ہیں تین دن کے زمانہ حج میں، اور سات دن کے جب حج سے تم وطن لوٹے، یہ پورے دس ہیں۔ یہ اس کے لئے جس کے اہل و عیال مسجد حرام کے پڑوسی نہیں ہیں۔ اور اللہ کو ڈرو اور جان رکھو کہ بیشک اللہ سخت عذاب فرمانے والا ہے۔ O

۱۹۷. حج جانے بوجھے چند مہینے ہیں۔ تو جو فریضہ حج ادا کرنے لگا ان میں، تو نہ عورتوں سے جماع کا تذکرہ ہے، اور نہ کوئی گناہ ہے اور نہ حج میں لڑائی جھگڑا ہے، اور تم جو نیکی کرو اللہ کو اس کا علم ہے۔ اور توشہ جمع کرو کہ بیشک سب سے بہتر توشہ خوف خدا ہے۔ اور مجھ کو ڈرا کروائے عقل والو۔ O

۱۹۸۔ نہیں ہے تم پر کوئی الزام کہ اپنے رب کا فضل تلاش کرو، پس جب واپس ہو تم عرفات سے تو ذکر کرو اللہ کا مشعر حرام کے پاس اور اس کا ذکر کرو جس طرح اس نے تم کو بتایا ہے، گو پہلے سے تو تم گمراہوں سے تھے۔ O

۱۹۹۔ پھر لوٹ پڑو جہاں سے سب لوگ لوٹے اور بخشش مانگو اللہ سے، بیشک اللہ بخشنے والا رحمت والا ہے۔ O

۲۰۰۔ پس جب تم ارکان حج پورے کر چکے تو اللہ کا ذکر کرو جیسے تذکرہ تم میں رہتا ہے اپنے باپ دادا کا، بلکہ اس سے کہیں زیادہ۔ تو کوئی عامی یوں کہتا ہے کہ اے ہمارے رب دے ہم کو دنیا میں اور نہیں ہے اس کے لئے آخرت میں کچھ بھی حصہ۔ O

۲۰۱۔ اور کیوں یوں کہتا ہے کہ پروردگار ہم کو دنیا میں خوبی دے اور آخرت میں بھلائی، اور ہم کو بچا لے عذاب جہنم سے۔ O

۲۰۲۔  وہی ہیں جن کے لئے حصہ ہے ان کی کمائی سے۔ اور اللہ جلد حساب کرنے والا ہے۔ O

۲۰۳۔  اور اللہ کا ذکر کرو گنتی کے دنوں میں۔ تو جس نے جلدی کی دو ہی دن میں، تو اس پر کوئی گناہ نہیں۔ اور جس نے دیر کر دی تو اس پر بھی کوئی گناہ نہیں اس کے لئے جو اللہ سے ڈرا، اور اللہ سے ڈرو اور جان رکھو کہ بیشک تم اس کی طرف اٹھائے جاؤ گے۔ O

۲۰۴۔  اور بعض لوگ وہ ہیں کہ اچھی لگے تم کو اس کی بات چیت دنیاوی زندگی میں اور وہ گواہ بنائے اللہ کو اس پر جو اس کے دل میں، حالانکہ وہ سب سے بڑا جھگڑالو ہے۔ O

۲۰۵۔  اور جہاں پیٹھ پھیری تو زمین میں دوڑ دھوپ کرنے لگا، تاکہ اس میں فساد مچائے اور کھیتی اور نسل کو تباہ کر دے۔ اور اللہ پسند فرماتا فساد کو۔ O

۲۰۶۔ اور جب اس سے کہا گیا کہ اللہ سے ڈرو تو اس کی نخوت نے ابھار دیا اس کو گناہ کے لئے، تو کافی ہے اس کو جہنم اور وہ ضرور برا بستر ہے۔ O

۲۰۷۔ اور بعض آدمی ہیں جو بیچ ڈالتے ہیں اپنی جان کو اللہ کی خوشی چاہنے میں۔ اور اللہ بیحد مہربان ہے بندوں پر۔ O

۲۰۸۔ اے ایمان والو! داخل ہو اسلام میں پورے پورے، اور نہ پیروی کرو شیطان کے قدموں کی۔ بیشک وہ تمہارے لئے کھلا دشمن ہے۔ O

۲۰۹۔ پس اگر تم ڈگمگائے اس کے بعد کہ آ گئیں تمہارے پاس صاف صاف باتیں، تو جان رکھو کہ بیشک اللہ غلبہ والا حکمت والا ہے۔ O

۲۱۰. انہیں کچھ انتظار نہیں مگر اس کا کہ آ لے ان کو عذاب الٰہی بادل کے سائبان میں، اور فرشتے، اور معاملہ کا فیصلہ کر دیا جائے۔ اور اللہ ہی کی طرف تمام کاموں کا لوٹنا ہے۔ O

۲۱۱. پوچھ لو بنی اسرائیل کو کہ کتنی کھلی نشانی ہم نے ان کو دی تھیں۔ اور جو بدل ڈالے اللہ کی نعمت کو اس کے آنے کے بعد، تو بیشک اللہ سخت عذاب فرمانے والا ہے۔ O

۲۱۲. خوبصورت نگاہ میں کر دی گئی ان کے جنھوں نے کفر کیا دنیاوی زندگی اور وہ مذاق اڑاتے ہیں ایمان والوں سے اور جو پرہیزگار ہوئے ان سے بلند و بالا ہوں گے قیامت کے دن۔ اور اللہ روزی دے جس کو چاہے ان گنت O

۲۱۳. سارے انسان ایک ہی امت تھے۔ پھر بھیجا اللہ نے پیغمبروں کو بشارت سنانے والے اور ڈرانے والے اور اتارا ان کے ساتھ کتاب کو بالکل حق، تاکہ وہ فیصلہ فرمایا کرے لوگوں کے

درمیان اس میں جس میں انہوں نے اختلاف کیا اور کتاب میں کسی نے اختلاف نہیں کیا مگر انہوں نے جن کو کتاب دی گئی بعد، اس کے کہ آگئیں صاف صاف باتیں آپس کی ہٹ دھرمی سے، تو ہدایت فرما دی اللہ نے ان کی جو ایمان لاچکے، اس بارے میں جس میں وہ مختلف ہوئے ٹھیک بات کی اپنے حکم سے، اور اللہ ہدایت فرمائے جس کی چاہے سیدھی راہ کی۔ O

۲۱۴. کیا تم نے گمان کرلیا کہ داخل ہو جاؤ گے جنت میں، اور ابھی نہیں آئی تمہارے پاس وہ حالت جو ان کی تھی کہ گزر چکے تم سے پہلے۔ پہنچی ان کو سختی اور تنگی، اور اس قدر بلا ڈالے گئے کہ کہہ پڑا خود رسول، اور جو اس کو مان چکے تھے وہ بھی کہ کب ہوئی اللہ کی مدد۔ آگاہ رہو کہ اللہ کی مدد نزدیک ہے۔ O

۲۱۵. تم سے پوچھتے ہیں کہ کیا کیا خرچ کریں۔ کہہ دو کہ جو کارِ خیر میں تم نے لگانا چاہا تو وہ ماں باپ اور قرابت داروں اور یتیموں اور

مسکینوں اور مسافر کا حق ہے۔ اور جو نیکی کرو، تو بیشک اللہ سا کو جاننے والا ہے۔ O

۲۱۶۔ فرض کیا گیا تم پر جہاد اور وہ ناگوار ہے تم کو، اور کیا دور کہ تم ناگوار رکھو کسی چیز کو حالانکہ وہ بہتر ہے تمہارے لئے، اور قریب ہے کہ پسند کرو کسی چیز کو حالانکہ وہ بری تمہارے لئے۔ اور اللہ جانتا ہے اور تم نہیں جانتے۔ O

۲۱۷۔ پوچھتے ہیں تم سے ماہ حرام میں لڑنے کا حکم۔ کہہ دو اس میں لڑنا بڑا جرم ہے۔ اور اللہ کے راستہ سے روکنا، اور اس سے انکار کر دینا، اور مسجد حرام سے روک دینا، اور وہاں کے لوگوں کو حرم سے نکال دینا بہت بڑا جرم ہے اللہ کے نزدیک۔ اور فتنہ گروں کا فتنہ ان کے قتل سے بڑھ کر ہے۔ اور وہ ہمیشہ ہی تم سے لڑتے بھڑتے رہیں گے۔ یہاں تک کہ ہوسکے تو تم کو تمہارے دین سے پھیر دیں اور جو پھر جائے تم میں سے اپنے دین سے، پھر مر جائے اس حال میں کہ

کافر ہے، تو وہ لوگ ہیں جن کا کیا دھرا جاتا رہا دنیا اور آخرت میں اور وہ جہنم والے ہیں۔ وہ اس میں ہمیشہ رہنے والے ہیں۔ O

۲۱۸. بیشک جو ایمان لائے، اور جنھوں نے ہجرت کی، اور اللہ کی راہ میں جہاد کیا، وہ امید رکھیں اللہ کی رحمت کی۔ اور اللہ بخشنے والا رحمت والا ہے۔ O

۲۱۹. پوچھتے ہیں تم سے شراب اور جوئے کے بارے میں۔ کہہ دو دونوں میں گناہ تو بڑا ہے اور فائدے ہیں عام لوگوں کے لئے اور ان کا گناہ زیادہ بڑا ہے ان کے فائدہ سے۔ اور پوچھتے ہیں تم سے کہ کیا خرچ کریں۔ کہہ دو جو تمام خرچ سے بچے۔ اسی طرح بیان فرما دیتا ہے اللہ تمہارے لئے آیتیں، کہ اب سوچ اور غور سے کام لو۔ O

۲۲۰. دنیا و آخرت میں اور پوچھتے ہیں تم سے یتیموں کے بارے میں۔ کہہ دو ان کے بہتری کا کام کرنا بہتر ہے، اور اگر اپنا ان کا مال ملا جلا کر رکھو تو وہ تمہارے بھائی ہیں اور اللہ معلوم کرا دیتا ہے فسادی کو

الگ خیر خواہ سے۔ اور اگر اللہ نے چاہا ہوتا تو تم کو ضرور گرفتار مصیبت کر دیتا بیشک اللہ غلبہ والا حکمت والا ہے۔ O

۲۲۱. اور مت نکاح کرو شرک والیوں سے یہاں تک کہ ایمان لائیں، اور یقیناً ایمان والی لونڈی بہتر ہے شرک والی سے گو شرک والی تمہیں اچھی لگے۔ اور اپنی لڑکیوں کو مشرکین کے نکاح میں نہ دو یہاں تک کہ وہ ایمان قبول کریں، اور بلا شبہ مسلمان غلام بہتر ہے ہر مشرک سے، گو وہ تمہیں اچھا لگے۔ وہ لوگ بلائیں جہنم کی طرف اور اللہ بلائے جنت اور بخشش کی طرف اپنے حکم سے، اور صاف صاف بیان فرمائے اپنی آیتوں کو لوگوں کے لیۓ اب سبق لیں۔ O

۲۲۲. اور پوچھتے ہیں تم سے حیض کے بارے میں۔ کہہ دو وہ گندگی ہے، تو ہٹائے رکھو عورتوں کو ایام حیض میں، اور ان کی قربت نہ کرو یہاں تک کہ پاک ہو جائیں۔ پھر جب پاک ہو گئیں تو جاؤ ان کے پاس اس مقام سے کہ حکم دیا تم کو اللہ نے۔ بیشک اللہ محبوب بنا لیتا ہے۔

بہت توبہ کرنے والوں اور دوست رکھتا ہے صاف ستھرے رہنے والوں کو۔ O

۲۲۳۔ تمہاری عورتیں تمہارے لئے کھیت ہیں تو جاؤ اپنے کھیت میں جس طرح چاہو اور پیشگی بھلائی کر لو اپنے لئے۔ اور اللہ کو ڈرو اور جان رکھو کہ بیشک تم اس سے ملنے والے ہو۔ اور بشارت دے دو ایمان والوں کو۔ O

۲۲۴۔ اور نہ بناؤ قسم کھا کر اللہ کو اپنی قسموں کا ہدف، احسان کرنے اور پرہیزگاری کرنے اور لوگوں میں صلح کرانے میں۔ اور اللہ سننے والا جاننے والا ہے۔ O

۲۲۵۔ نہیں گرفت فرماتا تمہاری اللہ تمہاری بے معنی قسم پر۔ لیکن ہاں گرفت فرماتا ہے اس قسم کی جس کو تمہارے دلوں نے کمایا ہے۔ اور اللہ بخشنے والا حلم والا ہے۔ O

۲۲۶. ان کے لئے جو قسم کھا جائیں اپنی عورتوں کے پاس جانے کے بارے میں مہلت ہے چار مہینہ کی، پس اگر انہوں نے رجوع کر لیا تو بیشک اللہ بخشنے والا رحمت والا ہے۔ O

۲۲۷. اور اگر پکا ارادہ کر لیا طلاق کا تو بیشک اللہ سننے والا جاننے والا ہے۔ O

۲۲۸. اور طلاق دی ہوئی عورتیں روکے رہیں اپنے آپ کو تین ماہواری، اور حلال نہیں ہے ان کو چھپانا اس کا کہ پیدا فرما دیا اللہ نے ان کے رحم میں، اگر مانتی ہیں اللہ اور پچھلے دن کو۔ اور ان کے شوہر زیادہ حق رکھتے ہیں ان کے لوٹا لینے کا اس مدت میں اگر ارادہ کر لیا اصلاح کا۔ اور عورتوں کا حق اسی طرح ہے جس طرح ان پر حق ہے۔ باضابطہ۔ اور مردوں کو ان پر بڑائی ہے اور اللہ غلبہ والا حکمت والا ہے۔ O

۲۲۹۔ طلاق رجعی دوبارہ ہے، پھر خوبی کے ساتھ روک لینا ہے یا بھلائی کے ساتھ چھوڑ دینا اور نہیں حلال ہے تمہیں یہ کہ لے لو جو دے چکے ہوا نہیں کچھ۔ مگر یہ کہ دونوں ڈریں کہ نہ پابندی کر سکیں گے اللہ کے قوانین کی تو اگر تمہیں ڈر لگے کہ نہ قائم رکھ سکیں گے اللہ کے حدود کو، تو ان پر کچھ الزام نہیں اس میں جو عورت نے اپنے چھٹکارے کے لئے دیا۔ یہ اللہ کے حدود ہیں تو ان سے نہ بڑھو، اور جو بڑھے اللہ کی حدود سے تو وہی ظالم ہیں۔ O

۲۳۰۔ پس اگر آخری طلاق دے دی دوبار کی مطلقہ کو تو وہ عورت جاہل نہیں اس مرد کے لئے یہاں تک کہ ذائقہ نکاح چکھیں دوسرے شوہر سے، پھر اگر دوسرا شوہر بھی طلاق دے دے تو اب ان پر کوئی حرج نہیں کہ باہم مل جائیں، اگر دونوں نے طے کر لیا ہو کہ قائم رکھیں گے اللہ کے حدود کو، یہ ہیں اللہ کے حدود۔ بیان فرماتا ہے ان کو اس قوم کے لئے جو دانا ہیں۔ O

۲۳۱.   اور جب تم نے طلاق دے دی عورتوں کو پھر وہ اپنی عدت
کی مدت تک آ پہنچیں تو ختم مدت سے پہلے ان کو عمدہ طریقہ سے روک لو
یا مہربانی سے ان کو چھوڑ دو، اور ان کو نہ روکو ستانے کو کہ حد سے بڑھ
جاؤ۔ اور جو یہ کرے تو بیشک اپنے اوپر ظلم کیا۔ اور نہ بناؤ اللہ کی
آیتوں کو ٹھٹھا اور ذکر کرو اللہ کی نعمت کا اپنے اوپر، اور جو اتارا تم پر
کتاب اور حکمت، نصیحت فرماتا ہے تمہاری اس سے، اور ڈرو اللہ کو
اور جان رکھو کہ بیشک اللہ ہر چیز کا جاننے اولا ہے۔ O

۲۳۲.   اور جب طلاق دے دی تم نے عورتوں کو پھر انہوں نے
پوری کر لی اپنی مدت عدت کو، تو تم ان کو نہ روکو اس سے کہ نکاح کر
لیں اپنے چنے ہوئے شوہروں سے جبکہ باہم رضا مند ہو گئے باقاعدہ۔
یہ نصیحت دی جاتی ہے اس کو جو تم میں سے مانے اللہ کو اور پچھلے دن
کو۔ یہ تمہارے لئے زیادہ پاک و صاف ہے۔ اور اللہ جانتا ہے اور تم
نہیں جانتے۔ O

۲۳۳۔ اور مائیں دودھ پلائیں اپنی اولاد کو دو برس کامل اس کے لئے جس نے طے کر لیا دودھ پلانے کی مدت پوری کرنے کو۔ اور جس باپ کا بچہ ہے اس پر عورتوں کا کھانا کپڑا ہے حسب دستور۔ نہیں تکلیف دیا جاتا کوئی مگر اس کی سکت بھر۔ نہ ستائی جائے ماں اپنے بچہ کی وجہ سے اور نہ باپ اپنی اولاد کی وجہ سے۔ اور باپ کے وارث پر اسی طرح واجب ہے پس اگر ماں باپ نے طے کر لیا دودھ چھڑانے کو باہمی خوشی اور مشورہ سے، تو دونوں پر کوئی الزام نہیں۔ اور اگر تم نے چاہا کہ دائی سے دودھ پلواؤ اپنے بچوں کو، تو تم پر کوئی الزام نہیں، جب کہ دے دیا ہو تم نے جو کچھ ٹھہرا لیا تھا باقاعدہ اور ڈرو اللہ کو اور جان رکھو کہ بیشک اللہ تمہارے کئے کو دیکھنے والا ہے۔ O

۲۳۴۔ اور جن کو وفات دی جائے تم میں سے اور وہ چھوڑیں بیبیاں، تو عورتیں اپنے کو روک رکھیں چار مہینہ دس دن۔ پس جب پوری کر لی اپنی مدت عدت کو تو تم پر کچھ حرج نہیں اس میں جو وہ کر

گزری ہوں اپنے بارے میں، قانون کے موافق۔ اور اللہ باخبر ہے اس سے جو تم کرو۔ O

۲۳۵۔ اور تم پر کچھ الزام نہیں اس میں کہ پردہ پردہ میں عورتوں کی منگنی کا تم نے پیغام دیا، یا تم نے خواہش نکاح کو اپنے دل میں چھپا لیا، اللہ کو معلوم ہے کہ بیشک تم عورتوں کو یاد کرو گے، لیکن ہاں نہ وعدہ کرنا ان سے خفیہ مگر یہ کہ بات چیت کرو ایسی جو قاعدہ کی ہو، اور نہ عزم کرو عقد نکاح کا، یہاں تک کہ پہنچ جائے عدت مقررہ اپنی مدت کو اور جان رکھو کہ بیشک اللہ جانتا ہے جو کچھ تمہارے اندر ہے، تو اس کو ڈرو۔ اور جان رکھو کہ بیشک اللہ بخشنے والا حلم والا ہے۔ O

۲۳۶۔ نہیں ہے کوئی مہر کی ذمہ داری تم پر اگر تم نے طلاق دے دی اس عورت کو جس کو چھوا بھی نہیں اور کوئی مہر مقرر نہیں کیا اور انہیں برتنے کو کچھ دے دو صاحب وسعت پر اس کے موافق اور

تنگدست پر اس کے موافق جوڑا دینا، باقاعدہ حق ہے، بھلائی کرنے والوں پر۔ O

۲۳۷۔ اور اگر طلاق دی تم نے ان کو قبل اس کے کہ ان کو چھوا، اور مقرر کر دیا تھا تم نے ان کا حصہ مہر، تو آدھا ہے اس کا جو تم نے مقرر کیا تھا، مگر یہ کہ عورتیں وہ بھی معاف کر دیں، یا رعایت نہ لے کر شان عفو دکھاوے شوہر، وہ جس کے ہاتھ میں عقد نکاح ہے۔ اور مردوں کا شان عفو دکھانا پرہیزگاری سے زیادہ قریب ہے اور بھول نہ جاؤ آپس کے فضل و کرم کو۔ بے شک اللہ تمہارے کیئے کو دیکھنے والا ہے۔ O

۲۳۸۔ نگہبانی کرو سب نمازوں کی اور درمیانی نماز کی۔ اور کھڑے ہو اللہ کے لیئے باادب۔ O

۲۳۹.     پس اگر کسی خوف میں تم آ گئے تو پیدل یا سوار، پھر جب امن میں آ گئے تم اللہ کا ذکر کرو جس طرح اس نے تم کو سکھا دیا وہ، جس کو تم نہ جانتے تھے۔ O

۲۴۰.     اور جو وفات دئے جائیں تم میں سے اور چھوڑیں بیبیاں، وہ کریں وصیت اپنی بیبیوں کے لئے نان نفقہ کا سال بھر تک بغیر گھر سے نکالنے کے پھر اگر عورتیں خود نکل جائیں تو تم پر کوئی الزام نہیں اس میں جو انہوں نے کر لیا اپنے متعلق کوئی مناسب امر۔ اور اللہ غلبہ والا حکمت والا ہے۔ O

۲۴۱.     اور طلاق دی ہوئی عورتوں کے لیے بھی نان نفقہ ہے مناسب طریقہ سے واجب ہے پرہیزگاروں پر O

۲۴۲.     اسی طرح بیان فرماتا ہے اللہ تمہارے لئے اپنی آیتوں کو کہ اب عقل سے کام لو۔ O

۲۴۳۔ کیا تم نے دیکھا نہیں انہیں جو نکلے تھے اپنے گھروں سے اور وہ کئی ہزار تھے موت کے خوف سے ، تو فرمایا ان کو اللہ نے کہ مر جاؤ۔ ۔ ۔ پھر زندہ فرما دیا ان کو۔ بیشک اللہ ضرور لوگوں پر فضل فرمانے والا ہے۔ لیکن زیادہ لوگ ناشکر گزار ہیں۔ O

۲۴۴۔ اور لڑو اللہ کی راہ میں ، اور جان رکھو کہ بیشک اللہ سننے والا جاننے والا ہے۔ O

۲۴۵۔ کوئی ہے جو دے اللہ کو قرض حسنہ ، تو بڑھا دے اللہ اس کو کئی زیادہ گنا۔ اور اللہ ہی تنگی ڈالے اور وہی فراخی بخشے ، اور اسی کی طرف لوٹائے جاؤ گے۔ O

۲۴۶۔ کیا تم دیکھ نہیں چکے بنی اسرائیل کی ایک جمعیت کو بعد زمانہ موسیٰ کے ، جب کہ وہ بولے اپنے نبی کو کہ ہمارے لئے کسی کو بادشاہ بنا کر کھڑا کر دو کہ ہم لڑیں اللہ کی راہ میں۔ کہا کچھ دور نہیں تم سے ، کہ اگر فرض کر دیا جائے تم پر لڑنا ، یہ کہ نہ لڑو۔ سب بولے اور ہمارے لئے

کیا وجہ ہے کہ نہ لڑیں اللہ کی راہ میں، حالانکہ ہم نکالے گئے ہیں اپنے گھروں اور بچوں سے۔۔۔ پھر جب فرض کیا گیا ان پر لڑنا تو منہ پھیر لیا مگر ان کے تھوڑوں نے، اور اللہ ظالموں کو جاننے والا ہے۔ O

۲۴۷. اور ان کو کہا ان کے نبی نے کہ بیشک اللہ نے کھڑا کیا ہے تمہارے لئے طالوت کو بادشاہ۔ سب بولے کس طرح ہو گی اس کی حکومت ہم پر، حالانکہ ہم زیادہ حق دار ہیں حکومت کے، اور اس کو تو مال میں بھی وسعت نہیں دی گئی۔ کہا بیشک اللہ نے اس کو تم پر چن لیا ہے اور علم و جسم میں اس کی کشادگی بڑھا دی۔ اور اللہ اپنا ملک جس کو چاہے دے۔ اور اللہ وسعت والا علم والا ہے۔ O

۲۴۸. اور کہا ان کو ان کے نبی نے کہ بیشک اس کی حکومت کی نشانی یہ ہے کہ آئے تمہارے پاس تابوت جس میں سامان سکون ہے تمہارے رب کی طرف سے اور بچا ہوا تبرک ہے حضرت موسیٰ و

حضرت ہارون کا، اٹھائے ہیں اس کو فرشتے۔ بیشک اس میں ضرور نشانی ہے تمہارے لیئے اگر تم ماننے والوں سے ہو۔ O

۲۴۹. پس جب الگ کر لیا طالوت نے لشکروں کو، کہا بیشک اللہ آزمانے والا ہے تم کو ایک نہر سے، تو جس نے اس سے پی لیا تو وہ مجھ سے نہیں اور جو اس کو نہ چکھے تو بیشک وہ مجھ سے ہے مگر وہ جو چلو بھر لے لے اپنے ہاتھ میں۔ تو لشکریوں نے پی لیا نہر سے مگر ان کے تھوڑوں نے، پس جب پار کر لیا نہر کو طالوت نے اور اس کے صاحب ایمان ساتھیوں نے بولے کہ نہیں ہے طاقت ہم میں آج جالوت اور اس کے لشکروں کے مقابل، کہا ان لوگوں نے جو سمجھتے ہیں کہ بیشک وہ ملنے والے ہیں اللہ سے کہ کتنی چھوٹی جماعت ہیں کہ غالب آ چکی ہیں بڑی جمعیت پر اللہ کے حکم سے اور اللہ صبر کرنے والوں کے ساتھ ہے۔ O

۲۵۰۔    اور جب کھل کر آ گئے جالوت اور اس کے لشکروں کے لئے عرض کیا، اے ہمارے پروردگار انڈیل دے ہم پر صبر، کو اور جما دے ہمارے قدموں کو، اور مدد فرما ہماری کافروں پر۔ O

۲۵۱۔    تو شکست دے دی ان کو اللہ کے حکم سے، اور قتل کیا داؤد نے جالوت کو اور دیا ان کو اللہ نے حکومت اور حکمت اور سکھا دیا ان کو جو چاہا اور اگر نہ ہو دفع کرنا اللہ کا لوگوں کو بعض کو بعض سے، البتہ تباہ ہو چکی ہوتی زمین۔ لیکن اللہ فضل و کرم والا ہے دنیا بھر پر۔ O

۲۵۲۔    یہ ہیں آیتیں اللہ کی پڑھتے ہیں ان کو تم پر بالکل ٹھیک۔ اور بیشک تم رسولوں سے ہو۔ O

۲۵۳۔    یہ سارے رسول، بڑائی دی ہم نے ان کے بعض کو بعض پر۔ انہیں سے وہ ہے۔ جس سے کلام فرمایا اللہ نے اور بلند فرمایا بعض کو درجوں۔ اور دی ہم نے عیسیٰ فرزند مریم کو کھلی نشانیاں، اور تائید فرمائی ہم نے ان کی روح مقدس سے۔ اور ان شاء اللہ اللہ نہ لڑتے وہ جو

ان کے بعد ہوئے بعد اس کے کہ آ چکی تھیں روشن باتیں، لیکن وہ مختلف ہو گئے۔ تو ان میں سے کسی نے مانا اور ان میں سے کسی نے انکار کر دیا۔ اور انشاء اللہ و نہ لڑتے۔۔۔ لیکن اللہ جو چاہتا ہے کرتا ہے۔ O

۲۵۴. اے ایمان والو! خرچ کرو اس مال سے کہ روزی دی ہم نے تم کو، پہلے اس کے کہ آئے وہ دن جس میں نہ ہر ایک کے لئے تجارت ہے اور نہ دوستی ہے اور نہ سفارش ہے۔ اور انکار کرنے والے آپ ہی ظالم ہیں۔ O

۲۵۵. اللہ، نہیں کوئی معبود سوا اس کے۔ خود زندہ، سب کا قائم رکھنے والا۔ نہ آتے اس کو اونگھ اور نہ نیند۔ اسی کا ہے جو کچھ آسمانوں اور جو کچھ زمین میں ہے۔ کون وہ ہے جو سفارش کرے اس کے پاس، مگر اس کے حکم سے۔ جانتا ہے جو کچھ ان کے آگے اور جو کچھ ان کے پیچھے ہے۔ اور نہیں گھیر میں لا سکتے کچھ اس کے علم سے، مگر

جس قدر اس نے خود چاہا۔ گنجائش دے دی اس کی کرسی نے آسمانوں
اور زمین کو۔ اور نہیں بار ہوتی اس کو نگہبانی دونوں کی۔ اور وہی بلند و
برتر ہے۔ O

۲۵۶. کوئی زبردستی نہیں دین میں۔۔۔ یقیناً چھنٹ گئی ہدایت
گمراہی سے۔ تو جو انکار کردے، شیطان کا۔ اور مان جائے اللہ کو، تو
واقعی اس نے مضبوط کڑا تھام لیا۔ نہیں ہے اسے کسی قسم کی شکستگی
اور اللہ سننے والا جاننے والا ہے۔ O

۲۵۷. اللہ مددگار ہے ان کا جو مان گئے، نکالتا ہے ان کو تاریکیوں
سے نور کی طرف۔ اور جنہوں نے انکار کیا، ان کے مددگار شیطان
ہیں، نکالتے ان کو نور سے تاریکیوں کی طرف۔ وہی ہیں جہنم والے،
وہ اس میں ہمیشہ رہنے والے ہیں۔ O

۲۵۸. کیا تم دیکھ نہیں چکے جس نے حجت لڑائی تھی ابراہیم سے ان
کے رب کے بارے میں کہ دے رکھی تھی اس کو اللہ نے حکومت،

جب کہا ابراہیم نے میر ارب ہے جو زندہ کرتا اور مار ڈالتا ہے، بولا کہ میں جلاتا مارتا ہوں۔ کہا ابراہیم نے تو بیشک اللہ لاتا ہے سورج پورب سے، تولے آ پچھم سے۔ تو بھوچکا کر دیا گیا وہ جس نے کفر کیا تھا اور اللہ راہ پر نہیں لاتا ظالم قوم کو۔ O

۲۵۹۔ یا جیسے وہ، جو گزرا آبادی پر جو گری پڑی تھی اپنے چھتوں پر۔ کہا کیسے جلائے گا ان کو اللہ ان کے مر جانے کے بعد۔ تو موت دی ان کو اللہ نے سو برس کو، پھر اٹھ کھڑا کر دیا ان کو۔ فرمایا کتنا تم ٹھہرے، عرض کیا میں ٹھہرا ایک دن یا اس سے کم۔ فرمایا بلکہ تم ٹھہرے رہے سو برس، تو دیکھو اپنے کھانے کی طرف اور پانی کی طرف کہ سڑا نہیں اور دیکھو اپنے گدھے کو، اور ہماری حکمت ہے کہ بنا دیں تم کو نشانی لوگوں کے لئے اور دیکھو ان ہڈیوں کی طرف، کیسا اٹھاتے ہیں ہم ان کو، پھر پہناتے ہیں ان کو گوشت، تو جب ظاہر ہو گیا واقعہ ان پر، کہا میں جانتا ہوں کہ بیشک اللہ ہر چاہے پر قادر ہے۔ O

٢٦٠۔ اور جبکہ کہا ابراہیم نے میرے پروردگار مجھے کو دکھا دے کہ کیسے تو جلاتا ہے مردوں کو، فرمایا کہ کیا تم نے نہیں مانا۔ عرض کیا مانا کیسے نہیں۔ مگر اس لئے کہ میرا اول مطمئن ہو۔ فرمایا، تو لو چار پرند، پھر ان کو اپنے سے ہلا لو، پھر رکھ دو ہر پہاڑ پر ان کی ایک ایک بوٹی، پھر انہیں بلاؤ، وہ تمہارے پاس دو دوڑے آئیں گے، اور جان رکھو کہ بیشک اللہ غلبہ والا حکمت والا ہے۔ O

٢٦١۔ ان کی مثال جو خرچ کریں اپنے مال کو اللہ کی راہ میں، ایسی جیسے ایک دانہ، جس نے اگائے سات بالیوں کو، ہر بالی میں سو دانہ۔ اور اللہ بڑھائے جس کے لئے چاہے۔ اور اللہ وسعت والا علم والا ہے۔ O

٢٦٢۔ جو خرچ کریں اپنے مال کو اللہ کی راہ میں، پھر نہ پیچھا کریں اس کا جو خرچ کیا، احسان جتا کر اور نہ دکھ دے کر، تو ان کے لئے اجر ہے ان کے رب کے پاس۔ اور نہ ان پر کوئی خوف اور نہ رنجیدہ ہوں۔ O

۲۶۳.	اچھی بولی اور معاف کر دینا، بہتر ہے اس صدقہ سے کہ پیچھے لگائے جس کے دکھ کو۔ اور اللہ بے پرواہ حلم والا ہے۔ O

۲۶۴.	اے ایمان والو! نہ ضائع کر دو اپنے صدقات کو احسان رکھ کر اور دکھ دے کر، جیسے وہ جو خرچ کرے اپنے مال کو لوگوں کے دکھاوے کو اور نہ مانے اللہ کو اور پچھلے دن کو، تو اس کی مثال ہے اس چکنے پتھر کی جس پر مٹی ہے، پھر پڑے اس پر زوردار مینہ، تو چھوڑ دے اس کو صاف پتھر، نہ متصرف ہوں گے کسی چیز پر جو کمایا انہوں نے، اور اللہ تعالیٰ نہیں ہدایت دیتا کافر قوم کو۔ O

۲۶۵.	اور ان کی مثال، جو خرچ کریں اپنا مال اللہ کی مرضی چاہیئے کو اور اپنے کو ثابت قدم رکھنے کو، ایسی ہے جیسے، باغ ہو ٹیلے پر، جس پر پڑی زور کی بارش تو باغ دونے پھل لایا۔ پھر اگر اس پر بارش نہ ہوئی تو شبنم ہے اور اللہ جو کچھ کرتے ہو دیکھ رہا ہے۔ O

۲٦٦. (کیا تمہارا کوئی چاہے گا کہ اس کے ایک باغ ہو کھجور اور انگوروں کا جس کے نیچے نہریں جاری ہوں، اس کے لئے اس میں ہر طرح کے پھل ہیں، اور اس کو پہنچا بڑھاپا، اور بچے ہیں کمزور، پھر پہنچا اس باغ کو بگولا جس میں آگ ہو، تو باغ جل گیا۔ اسی طرح بیان فرماتا ہے۔ اللہ تم کو آیتیں کہ اب غور و فکر کرو۔ O

۲٦٧. اے ایمان والو! دو پاکیزہ مال جو کہ تم نے کمایا، اور جو کہ ہم نے نکالا تمہارے لئے زمین سے، اور بے مصرف چیز کا ارادہ نہ کرو، کہ اس سے خرچ کرو، حالانکہ ملے تو تم نہ لوگے اس کو، بغیر اس میں آنکھ دبائے۔ اور جان رکھو کہ بیشک اللہ بے پرواہ لائق حمد ہے۔ O

۲٦٨. شیطان دھمکی دیتا رہتا ہے تم کو محتاج ہو جانے کی اور حکم دیتا رہتا ہے تم کو بے شرم ہو جانے کا اور اللہ وعدہ فرماتا ہے اپنی طرف سے بخشش و فضیلت کا۔ اور اللہ وسعت والا دانا ہے۔ O

۲۶۹۔   دے حکمت جسے چاہے اور جس کو حکمت دی گئی، بیشک اس کو بڑی دولت دی گئی اور نصیحت نہیں مانتے مگر ہوش مند لوگ۔ O

۲۷۰۔   اور جو بھی تم نے خرچ کیا یا کوئی بھی منت مانی، تو بیشک اللہ اس کو جانتا ہے۔ اور نہیں ہے ظالموں کے لئے کوئی مددگار۔ O

۲۷۱۔   اگر علانیہ دو صدقات، تو بھی کیا خوب، اور اگر اس کو چھپاؤ اور فقیروں کو دو، تو یہ بہتر ہے تمہارے لئے۔ اور دور کر دے گا تم سے تمہارے کچھ گناہ۔ اور اللہ تمہارے کئے سے باخبر ہے۔ O

۲۷۲۔   نہیں ہے تمہارے ذمہ ان کی ہدایت، ہاں، اللہ ہدایت دے جسے چاہے۔ اور جو اچھی چیز خرچ کرو تو وہ تمہارے آپ کے لئے فائدہ مند ہے۔ اور نہیں ہے راہ خدا میں دینا تمہارا مگر یہ کہ اللہ کی مرضی چاہنے کو۔ اور جو اچھا مال دو تم کو پورا پورا دیا جائے گا، اور تم پر ظلم نہ کیا جائے گا۔ O

۲۷۳. بیخبر خیال کرے کہ مالدار رہیں ان کے سوال سے بچنے سے۔ تم پہچان لوگے ان کو ان کی روپ رنگت سے۔ نہیں سوال کرتے لوگوں سے گڑا گڑا کر۔ اور تم جو خیرات میں دو تو بیشک اللہ اس کا جاننے والا ہے۔ O

۲۷۴. جو لوگ خرچ کریں اپنے مال کو رات دن، پوشیدہ اور علانیہ، تو ان کے لئے ان کا اجر ہے ان کے رب کے پاس، اور نہ ان پر کوئی خوف اور نہ وہ رنجیدہ ہوں۔ O

۲۷۵. جو کھائیں سود کو، نہ کھڑے ہوں گے حشر میں مگر جیسے کھڑا ہوتا ہے وہ، جس کو خبطی بنا دیتا ہے آسیب چھو کر۔ یہ اس سبب سے کہ انہوں نے کہا کہ بیع بس سود ہی کی طرح ہے۔ حالانکہ حلال فرما دیا اللہ نے بیع کو اور حرام فرما دیا سود کو۔ تو آگیا جس کے پاس پیغام نصیحت اس کے رب کی طرف سے، پھر وہ باز آگیا، تو اسی کا جو پہلے

لے چکا۔ اور اس کا معاملہ اللہ کے سپرد ہے۔ اور جس نے پھر کیا تو وہ جہنم والے ہیں اس میں مدتوں رہنے والے۔ O

۲۷۶۔    مٹاتا ہے اللہ سود کو اور بڑھاتا ہے صدقات کو۔ اور اللہ نہیں پسند فرماتا کسی ناشکرے گنہگار کو۔ O

۲۷۷۔    بیشک جو ایمان لائے اور نیک کام کئے اور نماز قائم رکھی، اور زکوٰۃ دیا کئے، ان کے لئے ان کا اجر ہے ان کے رب کے پاس۔ اور نہ ان پر کوئی خوف اور نہ وہ رنجیدہ ہوں۔ O

۲۷۸۔    اے ایمان والو! ڈرو اللہ کو اور چھوڑ دو جو بقایا ہے سود کا، اگر تم ایمان والے ہو۔ O

۲۷۹۔    پس اگر تم نے یہ نہ کیا، تو تیار ہو جاؤ لڑائی کے لئے اللہ اور اس کے رسول سے۔ اور اگر تائب ہو گئے، تو تمہارے لئے تمہاری اصل رقم ہے۔ نہ تم ظلم کرو اور نہ تم ظلم کئے جاؤ۔ O

۲۸۰.     اور اگر قرضدار تنگدست ہے تو حق مہلت ہے آسانی سے ادا کر سکنے تک اور قرض معاف کر دو تو زیادہ بہتر ہے تمہارے لئے اگر دانائی سے کام لو۔ O

۲۸۱.     اور ڈرو اس دن کو کہ لوٹائے جاؤ گے جس میں اللہ کی طرف۔ پھر پورا پورا بدلہ دیا جائے گا ہر ایک جو اس نے کما رکھا ہے اور وہ ظلم نہ کئے جائیں گے۔ O

۲۸۲.     اے ایمان والو! جب لین دین کا معاملہ کرو قرض کی صورت میں مدت مقررہ تک، تو اس کو لکھ لو۔ اور لکھنے والے کو چاہیئے کہ تمہارے درمیان انصاف سے لکھے، اور کاتب کتابت سے انکار نہ کرے جیسا کہ اس کو اللہ نے سکھا دیا، تو اس کو لکھنا چاہیئے۔ اور لکھے لکھائے وہ جس پر حق ہے، اور وہ ڈرے اللہ اپنے رب کو، اور کم نہ کرے اس حق سے کچھ۔ پس اگر جس پر حق ہے، وہ بیوقوف یا کمزور ہو یا لکھ لکھا نہ سکتا ہو۔ تو اس کا ولی لکھا دے انصاف سے۔ اور گواہی کرا

لو دو گواہوں کی اپنے مردوں سے۔ پھر اگر دو مرد نہ ہوں، تو ایک مرد اور دو عورتیں جو مرضی مطابق ہوں گواہوں سے، ان عورتوں میں ایک بھول جائے تو یاد دلا دے ایک دوسری کو۔ اور نہ انکار کریں گواہ لوگ جب بلائے جائیں اور سستی نہ کرو، چھوٹا معاملہ ہو یا بڑا، اس کی میعاد تک لکھنے میں یہ اللہ کے نزدیک بڑا انصاف اور گواہی کے لئے زیادہ مضبوط، اور تمہارے شک میں نہ پڑنے کے لئے زیادہ قریب ہے، مگر یہ کہ دکانداری نقد ہو کہ باہم ہاتھوں ہاتھ پھراتے ہو تو تم پر کوئی الزام نہیں اس کے نہ لکھنے کا۔ اور گواہ کر لیا کرو جب خرید و فروخت کرو۔ اور نہ نقصان پہنچائے کاتب، اور نہ گواہ۔ اور اگر یہ کیا، تو بیشک یہ تمہاری نافرمانی ہے، اور اللہ کو ڈرو، اور سکھاتا ہے تم کو اللہ، اور اللہ ہر ایک کو جاننے والا ہے۔ O

۲۸۳. اور اگر تم مسافر ہو اور کسی کاتب کو نہیں پایا تو رہن با قبضہ ہو پھر اگر امین بنایا تم میں سے بعض نے بعض کو، تو ادا کرے جو امین بنایا

گیا اس کی امانت کو، اور ڈرے اللہ اپنے رب سے۔ اور نہ چھپاؤ گواہی کو۔ اور جو اس کو چھپائے تو اس کا دل گنہگار ہے۔ اور اللہ تمہارے کیئے کو جاننے والا ہے۔ O

۲۸۴. اللہ ہی کا ہے جو کچھ آسمانوں اور جو کچھ زمین میں ہے۔ اور اگر علانیہ کر گزرو جو تمہارے دلوں میں ہے۔ یا دل میں ہی رکھ کر چھپا لو، جواب طلب کریگا تم سے اس کا اللہ۔ تو جس کو چاہے بخشے اور جسے چاہے عذاب دے۔ اور اللہ ہر چاہے پر قادر ہے۔ O

۲۸۵. مان لیا رسول نے جو کچھ اتارا گیا ان کی طرف ان کے رب کی جانب سے اور سب ایمان والے، ہر ایک نے مان لیا اللہ کو اور اس کے فرشتوں کو اور سا کی کتابوں کو اور اس کے رسولوں کو کہ ہم فرق نہیں کرتے اللہ کے رسولوں سے کسی کے ماننے میں، اور سب نے کہا کہ ہم نے سنا اور اطاعت کی تیری۔ بخشش ہو اے ہمارے پروردگار اور تیری ہی طرف لوٹنا ہے۔ O

۲۸۶.    نہیں حکم دیتا اللہ کسی کو مگر اس کی سکت بھر، اسی کا نفع ہے جو نیکی کمائی، اور اس پر وبال ہے جو بدی حاصل کی، پروردگار ہم پر گرفت نہ کر اگر ہم بھول گئے یا چوک گئے۔ پروردگار اور نہ رکھ ہم پر بوجھ، جس طرح تو نے رکھا تھا ان پر جو ہم سے پہلے تھے۔ پروردگار نہ بوجھل کر ہم کو اس سے جس کی ہم کو سکت نہیں اور معاف فرما دے ہم کو۔ اور بخش دے ہم کو۔ اور ہم پر رحم فرما۔ تو ہمارا مولیٰ ہے تو ہماری مدد فرما، قوم کفار پر۔ O

# ۳۔ سورۃ آل عمران

نام سے اللہ کے بڑا مہربان بخشنے والا O

۱. ال م۔ O

۲. اللہ، نہیں کوئی معبود سوا اس کے، ہمیشہ زندہ، سب کو قائم
رکھنے والا۔ O

۳. اتارا تم پر کتاب کو حق کے ساتھ، تصدیق فرماتی اس کی جو
آگے ہو چکی، اور اتارا توریت اور انجیل کو۔ O

۴. اس سے پہلے ہدایت لوگوں کے لئے، اور اتارا حق و باطل کا امتیاز۔ بیشک جو منکر ہو گئے اللہ کی آیتوں سے، ان کے لئے سخت عذاب ہے۔ اور اللہ غلبہ والا بدلہ لینے والا ہے۔ O

۵. بیشک اللہ نہیں پوشیدہ ہے اس پر کچھ زمین میں اور نہ آسمان میں۔ O

٦. وہی ہے جو شکل و صورت بخشتا ہے تم کو ماؤں کے پیٹ میں جیسی چاہے۔ نہیں ہے کوئی پوجنے کے قابل اس کے سوا، غلبہ والا حکمت والا۔ O

۷. وہی ہے جس نے اتارا تم پر اس کتاب کو، اس کی کچھ آیتیں صاف صاف مطلب کی ہیں، وہی کتاب کی بنیاد ہیں، دوسری کئی معنی رکھنے والی۔ تو وہ جن کے دلوں میں کجی ہے، تو پیچھے لگ جاتے ہیں اس کے، جو کئی معنی کی آیت ہوئی کتاب سے، فتنہ کے شوق اور کتاب سے اپنی بات بنانے کی خواہش میں۔ حالانکہ نہیں جانتا کتاب

کے اصل مطلب کو، اللہ کے سوا۔ اور مضبوطی رکھنے والے علم میں کہتے ہیں ہم اس کو مان گئے، سب ہمارے پروردگار کی طرف سے ہے۔ اور نصیحت نہیں قبول کرتے مگر عقل مند لوگ۔ O

۸. پروردگار! نہ کج فرما ہمارے دلوں کو بعد اس کے، کہ ہدایت بخشی تو نے ہم کو، اور دے ہمیں اپنے پاس سے رحمت۔ بیشک تو ہی بڑا دینے والا ہے۔ O

۹. پروردگار بیشک تو اکٹھا کرنے والا ہے لوگوں کو ایک دن، جس میں کوئی شک نہیں۔ بیشک اللہ نہیں کرتا خلاف وعدہ۔ O

۱۰. بیشک جنھوں نے کفر کیا، ہرگز ان کو بے پروا نہ کر سکیں گے ان کے مال، اور نہ ان کی اولاد اللہ سے کچھ بھی، اور وہی ہیں جہنم کا ایندھن۔ O

۱۱۔     مثل انداز فرعونیوں کے، اور جو ان سے پہلے تھے۔ جھٹلایا ہماری آیتوں کو، تو گرفت فرمائی ان کی اللہ نے ان کے گناہوں کی وجہ سے۔ اور اللہ سخت عذاب فرمانے والا ہے۔ O

۱۲۔     کہہ دو ان کو جنہوں نے کفر کیا، کہ نزدیک ہے کہ تم مغلوب ہو گے اور ہانکے جاؤ گے جہنم کی طرف۔ اور وہ نہایت برا بستر ہے۔ O

۱۳۔     بیشک تمہارے لئے نشانی تھی ان دو گروہوں میں جو با ہم بھڑ گئے تھے، ایک گروہ لڑ رہا تھا اللہ کی راہ میں، اور دوسرا گروہ کافر، کہ دیکھیں ان کو اپنے سے دونا بچشم خود۔ اور اللہ قوت دے اپنی مدد سے جسے چاہے۔ بیشک اس میں ضرور عبرت ہے سوجھ بوجھ والوں کے لئے۔ O

۱۴۔     نظر فریب بنا دی گئی لوگوں کے لئے خواہشات کی محبت، عورتوں اور بیٹوں اور تہہ بہ تہہ سونے چاندی کے ڈھیروں، اور نشان

دیے ہوئے گھوڑوں اور مویشیوں اور کھیت سے۔ یہ اس زندگی کی پونجی ہے۔ اور اللہ اسی کے پاس ہے اچھا ٹھکانہ۔ O

۱۵. کہہ دو کیا ہم بتا دیں تم کو اس سے بہتر۔ ان کے لئے جو پرہیزگار ہوئے ان کے رب کے پاس جنتیں ہیں کہ جن کے نیچے نہریں جاری ہیں، اس میں ہمیشہ رہے والے ہیں اور پاکیزہ بیبیاں ہیں، اور اللہ کی طرف سے خوشنودی ہے۔ اور اللہ دیکھنے والا ہے بندوں کو۔ O

۱۶. وہ جو کہیں کہ پروردگار بیشک ہم مان گئے، تو بخش دے ہمارے گناہوں کو، اور بچا ہم کو عذاب جہنم سے۔ O

۱۷. یہ صبر کرنے والے، اور سچ بولنے والے، اور ادب کرنے والے، اور خرچ کرنے والے، اور بخشش مانگنے والے پچھلی رات میں۔ O

۱۸. اللہ گواہ ہے کہ بیشک نہیں کوئی معبود اس کے سوا۔ اور فرشتوں نے گواہی دی اور علم والوں نے انصاف پر قائم رہ کر، کہ نہیں کوئی معبود سوا اس کے، غلبہ والا حکمت والا۔ O

۱۹. بیشک دین اللہ کے نزدیک، اسلام ہی ہے۔۔ اور نہیں اختلاف کیا جن کو دی گئی ہے کتاب مگر بعد اس کے کہ آگیا ان کو علم، باہمی چڑھاؤ اتار میں۔ اور جو انکار کرے اللہ کی آیتوں کا، تو بیشک اللہ جلد حساب کرنے والا ہے۔ O

۲۰. پھر اگر کٹ حجتی کی انہوں نے تو، کہہ دو کہ میں اپنا رخ جھکا چکا اللہ کے لئے اور جنہوں نے میری پیروی کی، اور کہہ دو اہل کتاب اور ان پڑھوں سے کہ کیا تم نے بھی جھکایا، پس اگر انہوں نے جھکا دیا، تو بیشک راہ پا گئے۔ اور اگر منہ پھیر لیا، تو تم پر بس پہنچا دینا ہے۔ اور اللہ اپنے بندوں کو دیکھنے والا ہے۔ O

۲۱۔ بیشک جو انکار کریں اللہ کی آیتوں کا، اور قتل کرتے ہیں انبیاء کو ناحق، اور قتل کریں ان کو جو لوگوں میں انصاف کا حکم دیں، تو متوجہ کر دو ان کو دکھ دینے والا عذاب کی طرف۔ O

۲۲۔ یہ وہ ہیں کہ غارت ہو گئے ان کے اعمال دنیا و آخرت میں، اور نہیں ان کے لئے کوئی مددگار۔ O

۲۳۔ کیا تم دیکھ نہیں چکے ان کو، جنہیں دیا گیا ایک حصہ کتاب سے، وہ بلائے جاتے ہیں اللہ کی کتاب کی طرف تو وہ ان میں حکمرانی کرے، پھر ان میں سے کچھ پھرتے ہیں بے رخی کے ساتھ۔ O

۲۴۔ یہ اس لئے کہ وہ کہا کئے کہ نہ چھوئے گی ہم کو آگ، مگر چند دن۔ اور دھوکا دیا ان کو ان کے دین میں اس نے جو جھوٹ افترا کرتے تھے۔ O

۲۵. پس کیسا حال ہو گا جہاں ہم نے اکٹھا کر دیا ان کو اس دن کہ جس میں کوئی شک نہیں۔۔۔ اور پورا پورا دیا گیا ہر ایک جو اس نے کمایا، اور وہ ظلم نہیں کیئے جاتے۔ O

۲۶. کہویا اللہ ہر ملک کے مالک، تو جس کو چاہے حکومت دے اور جس سے چاہے چھین لے۔ اور جس کو چاہے عزت دے اور جسے چاہے رسوائی دے۔ تیرے ہی قبضہ ہر بھلائی ہے۔ بیشک تو ہر چاہے پر قدرت رکھنے والا ہے۔ O

۲۷. تو رات کو دن میں اور دن کو رات میں سما دے۔ اور تو زندہ کو مردہ سے اور مردہ کو زندہ سے نکالے۔ اور جس کو چاہے ان گنت روزی دے۔ O

۲۸. نہ بنائیں ایمان والے، کافروں کو دوست، ایمان والوں کو چھوڑ کر۔ اور جو ایسا کرے۔ تو نہیں ہے اللہ سے وہ کسی علاقہ میں، مگر

یہ کہ خوف ہو تم کو ان سے کچھ اور ڈراتا ہے تم کو اللہ اپنی ہیبت سے۔
اور اللہ ہی کی طرف لوٹنا ہے۔ O

۲۹. کہہ دو کہ اگر چھپا لو جو تمہارے سینوں میں ہے، یا ظاہر کر دو، اللہ سب کو جانتا ہے۔ اور وہ جانتا ہے جو کچھ آسمانوں اور جو کچھ زمین میں ہے۔ اور اللہ ہر چاہے پر قدرت رکھنے والا ہے۔ O

۳۰. جس دن کہ پائے گا ہر ایک جو کمالی ہے بھلائی سامنے موجود، اور جو کر رکھی ہے برائی، ہر ایک چاہے گا کاش برائیوں کے کمانے اور اس کی ذات کے درمیان، دور کا فیصلہ ہوتا اور ڈراتا ہے تم کو اللہ اپنی جلالت سے اور اللہ بیحد رحمت والا ہے اپنے بندوں کے لیئے۔ O

۳۱. اعلان کر دو کہ اگر دوست رکھتے ہو اللہ کو، تو پیچھے پیچھے چلو میرے، دوست رکھے گا تم کو اللہ اور بخش دیگا تمہارے گناہوں کو اور اللہ بخشنے والا رحمت والا ہے۔ O

۳۲.　اعلان کر دو کہ فرمانبر دار ہو جاؤ اللہ اور رسول کے۔ پھر اگر انھوں نے بے رخی کی، تو بیشک اللہ نہیں دوست رکھتا نہ ماننے والوں کو۔ O

۳۳.　بیشک اللہ نے چن لیا آدم کو اور نوح کو اور ابراہیم کی آل اور عمران کی آل کو، سارے جہان پر۔ O

۳۴.　ایک خاندان کے ایک دوسرے سے۔ اور اللہ سننے والا جاننے والا ہے۔ O

۳۵.　جب کہ کہا عمران کی اہلیہ نے ''اے پروردگار میں نے تیری منت مان لی کہ جو میرے پیٹ میں ہے تیرے لئے آزاد رہے گا، تو قبول فرمالے مجھ سے، بیشک تو ہی سننے والا جاننے والا ہے۔'' O

۳۶.　تو جب جنا اس کو، بولی ''پروردگار میں نے تو لڑکی جنی۔'' اور اللہ خود ہی زیادہ جانتا ہے جو وہ جنی ہے۔ اور نہیں ہے اس کا مانگا لڑکا، مثل اس برگزیدہ لڑکی کے۔ ''اور میں نے اس کا نام مریم رکھا

ہے، اور میں اس کو اور اس کی نسل کو، تیری پناہ میں دیتی ہوں، شیطان مردود سے۔'' O

۳۷. تو اچھی طرح قبول فرما لیا اس کو اس کے پروردگار نے، اور بڑھایا اس کو خوب، اور کفیل بنایا اس کا زکریا کو۔ جب جب داخل ہوئے ان پر زکریا محراب میں، تو پایا ان کے پاس کھانے کا سامان، کہا ''اے مریم یہ تیرے لئے کہاں سے ہو رہا ہے۔'' بولی ''یہ اللہ کے پاس سے ہے۔'' بیشک اللہ جسے چاہے بے حساب روزی دے۔ O

۳۸. اس محل پر دعا کی زکریا نے اپنے رب سے۔ عرض کیا ''پروردگار مجھ کو اپنے پاس سے پاکیزہ اولاد دے، بیشک تو دعا کا سننے والا ہے۔'' O

۳۹. تو آواز دی اس کو فرشتوں نے، اور وہ کھڑے نماز پڑھ رہے تھے محراب میں، کہ بیشک اللہ خوش خبری سناتا ہے تم کو یحییٰ کی،

تصدیق کرنے والے ایک کلمہ کے، جو اللہ کی طرف سے ہے، اور سردار، اور عورتوں سے بالکل محفوظ اور نبی نیکوکار۔ O

۴۰. کہا "پروردگار کہاں سے ہوگا میرے لڑکا، اور مجھ تک پہنچ گیا بڑھاپا، اور میری عورت بانجھ ہے" ارشاد ہوا اسی طرح اللہ جو چاہے کرے۔ O

۴۱. عرض کیا "پروردگار کر دے میرے لئے کوئی نشانی۔" فرمان ہوا تیری نشان یہ ہے کہ نہ بولو لوگوں سے تین دن، مگر اشارہ سے، اور یاد کرو اپنے رب کو بہت، اور اس کی تسبیح کرو پچھلے دن میں اور صبح تڑکے۔ O

۴۲. اور جب کہا فرشتوں نے، اے مریم، بیشک اللہ نے چن لیا تم کو، اور خوب پاکیزہ فرمایا، اور اپنی خصوصیت میں دنیا بھر کی عورتوں میں تم کو منتخب کیا۔ O

۴۳. اے مریم با ادب رہو اپنے رب کے لئے، اور سجدہ کرتی رہو اور رکوع کرو رکوع کرنے والوں کے ساتھ۔ O

۴۴. یہ غیب کی خبریں ہیں کہ ذریعہ وحی بتاتے ہیں ہم تم کو، اور نہ تھے تم پاس ان کے، جب کہ وہ قلمیں پھینکتے تھے کہ کون کفیل ہو مریم کا، اور نہ تھے تم ان کے پاس جب وہ جھگڑتے تھے۔ O

۴۵. جب کہا فرشتوں نے اے مریم بیشک اللہ مژدہ دیتا ہے تم کو ایک کلمہ کی اپنے پاس سے جس کا نام ہے مسیح عیسیٰ، فرزند مریم، جاہ و عزت والا دنیا اور آخرت میں اور نزدیکوں سے۔ O

۴۶. اور وہ کلام کرے گا لوگوں سے گہوارہ میں، اور بڑھاپے میں اور نیکوکار ہوں گے۔ O

۴۷. بولی "پروردگار کہاں سے میرے لڑکا ہوگا، حالانکہ نہیں چھوا مجھ کو کسی شخص نے۔" فرمایا اسی طرح اللہ پیدا فرما دے جو چاہے۔

جب کسی امر کا حکم دیا تو بس اس کو فرما دیتا ہے کہ ہو جا تو وہ ہو جاتا ہے۔ O

۴۸. اور اللہ اس کو کتاب و حکمت اور توریت و انجیل سکھائے گا۔ O

۴۹. اور رسول آل یعقوب کی طرف کرے گا، کہ میں لایا تمہارے پاس نشانی تمہارے رب کی طرف سے، کہ میں بناتا ہوں تمہارے واسطے، جیسے پرند کی صورت، پھر پھونکتا ہوں اس میں، تو وہ پرند ہی ہو جاتا ہے اللہ کے حکم سے۔ اور تندرست کر دیتا ہوں پیدائشی اندھے اور کوڑھی کو، اور زندہ کر دیتا ہوں مردوں کو، اللہ کے حکم سے۔ اور بتا دیتا ہوں تم کو جو کچھ تم کھاتے اور جو کچھ جمع کر رکھتے ہو اپنے گھروں میں۔ بیشک اس میں ضرور نشانی ہے تمہارے لئے اگر تم ایمان والوں سے ہو۔ O

۵۰۔ اور میں ہوں تصدیق کرتا اس کی جو میرے آگے ہے، توریت، اور تاکہ حلال کر دوں تمہارے لئے بعض وہ چیز جو حرام کی گئی تھی تم پر اور لایا ہوں میں نشانی تمہارے رب کی طرف سے۔۔ تو اللہ کو ڈرو اور میری اطاعت کرو۔ O

۵۱۔ بیشک اللہ میرا پروردگار اور تمہارا پالنہار ہے تو اسی کو پوجو۔ یہ سیدھا راستہ ہے۔ O

۵۲۔ پس جب دیکھا عیسیٰ نے ان کی طرف سے انکار کو، کہا کون میرا مددگار ہے اللہ کی طرف، حواری لوگ بولے، "ہم مددگار ہیں اللہ کے لئے۔ ہم مان گئے اللہ کو۔ اور گواہ ہو جائیے کہ ہم بیشک مسلمان ہیں۔ O

۵۳۔ پروردگار مان گئے ہم جو تو نے اتارا، اور فرماں بردار ہو گئے رسول کے، تو ہم کو حق کے گواہوں میں لکھ لے۔ O"

۵۴.　اور سب فریب کھیلے اور اللہ نے اس کا جواب دیا، اور اللہ فریبوں کو سب سے بہتر جواب دینے والا ہے۔ O

۵۵.　جبکہ فرمایا اللہ نے اے عیسیٰ بیشک میں پوری عمر دینے والا ہوں تم کو، اور اپنی طرف اٹھانے والا ہوں، اور صاف ستھرا بچانے والا ہوں تم کو ان سے جو انکار کر بیٹھے ہیں، اور بلند کرنے والا ہوں ان کو جنہوں نے تمہاری پیروی کی ان پر جنہوں نے انکار کر دیا قیامت تک۔ پھر میری طرف ہے تمہارے لوٹنے کی جگہ، تو میں فیصلہ کروں گا تم لوگوں کا جس میں تم اختلاف رکھتے تھے۔ O

۵۶.　پس جنہوں نے انکار کر دیا ہے تو ان کو سخت عذاب دوں گا دنیا اور آخرت میں، اور نہ ہوگا ان کا کوئی مددگار۔ O

۵۷.　لیکن جو مان گئے اور نیک کام کیے، تو پورا پورا دے گا ان کو ان کا اجر۔ اور اللہ نہیں پسند فرماتا ظالموں کو۔ O

۵۸۔     یہ ہم پڑھتے ہیں تم پر کچھ آیتیں اور حکمت بھری نصیحت۔ O

۵۹۔     بیشک عیسیٰ کی مثال ، اللہ کے نزدیک ، جیسے آدم کی مثال ہے، پیدا فرمایا ان کو مٹی سے پھر حکم دیا اس کو کہ ہو جا فوراً ہو جاتا ہے۔ O

۶۰۔     بالکل حق ہے تم سب کے رب کی طرف سے تو نہ ہو شک کرنے والوں سے۔ O

۶۱۔     تو جس نے بھی حجت نکالی ان کے بارے میں بعد اس کے کہ آ چکا تم تک علم ، تو کہہ دو کہ لو اب آ جاؤ، ہم بلا لیں اپنے بیٹے اور تمہارے بیٹے اور اپنی عورتیں اور تمہاری عورتیں اور اپنے اپنوں اور تمہارے اپنوں کو۔۔ پھر مباہلہ کریں، تو مانگیں اللہ کی پھٹکار، جھوٹوں پر۔ O

۶۲۔     بیشک یہی ہے ٹھیک بیان اور نہیں ہے کوئی معبود اللہ کے سوا، اور بیشک ضرور اللہ ہی غلبہ والا حکمت والا ہے۔ O

۶۳۔     پھر اگر انہوں نے بے رخی کی، تو بلاشبہ اللہ فساد مچانے والوں کو جاننے والا ہے۔ O

۶۴۔     کہہ دو کہ اے اہل کتاب، آؤ اس بات کی طرف جو ہم میں تم میں برابر ہے، یہ کہ نہ پوجیں مگر اللہ کو، اور نہ شریک مانیں اس کا کسی چیز کو، اور نہ بنائے ہم میں سے کوئی کسی کو اپنا رب، اللہ کو چھوڑ کر پھر اگر منہ پھیریں تو تم لوگ کہہ دو کہ گواہ ہو، کہ ہم سب مسلمان ہیں۔ O

۶۵۔     اے اہل کتاب کیوں حجتیں کرتے ہو ابراہیم کے بارے میں، حالانکہ نہیں اتاری گئی توریت و انجیل مگر ان کے بعد، تو کیا عقل نہیں رکھتے۔ O

٦٦. سنو، تم وہی ہو کہ حجتیں نکالیں اس میں جس کا تم کو علم ہے، تو اس میں کیوں کٹ حجتی کرتے ہو جس کا تمہیں کچھ علم نہیں۔ اور اللہ علم رکھتا ہے اور تم سب بے علم ہو۔ O

٦٧. نہ تھے ابراہیم یہودی، اور نہ نصرانی، لیکن تھے حق پرست، مسلمان۔ اور نہ تھے مشرکوں سے۔ O

٦٨. بیشک سب سے زیادہ حق دار ابراہیم کے وہ ہیں، جنہوں نے ان کی پیروی کی تھی، اور یہ نبی اور جوان کو مان گئے۔ اور اللہ والی ہے ایمان والوں کا۔ O

٦٩. آرزو بنا لیا ایک جمعیت نے اہل کتاب سے، کہ کاش تم لوگوں کو گمراہ کر دیں۔ اور نہیں گمراہ کرتے مگر خود کو، اور نا سمجھ ہیں۔ O

۷۰. اے اہل کتاب کیوں انکار کرتے ہو اللہ کی آیتوں کا، حالانکہ تم خود مشاہدہ کر رہے ہو۔ O

۷۱. اے اہل کتاب، کیوں ملاتے ہو حق کو باطل سے، اور چھپاتے ہو حق کو، جان بوجھ کر O

۷۲. اور کہا ایک گروہ نے اہل کتاب سے کہ مان لیا کرو اس کو جو اتارا گیا ہے۔ ایمان والوں پر صبح سویرے اور مرتد ہو جاؤ اس سے شام کو، شاید مسلمان لوگ بھی مرتد ہو جائیں۔ O

۷۳. اور تم لوگ نہ مانو مگر اس کو، جس نے تمہارے دین کی پیروی کرلی۔ کہہ دو کہ بیشک ہدایت اللہ کی ہدایت ہے اور یہ کہ کوئی دیا جائے ویسا جو تم کو دیا گیا، یا دوسرے لوگ تم سے جیت جائیں تمہارے پروردگار کے پاس۔ کہہ دو بیشک فضل اللہ کے قبضہ میں ہے جس کو چاہے اس کو دے۔ اور اللہ وسعت والا علم والا ہے۔ O

۷۴.　مخصوص فرمالے اپنی رحمت سے جسے چاہے اور اللہ بہت بڑے فضل والا ہے۔ O

۷۵.　اور کوئی کتابی وہ ہے کہ اگر امین بناؤ اس کو ایک انبار کا، تو اس کو ادا کر دے تمہارے پاس، اور کوئی وہ ہے کہ اگر امین بناؤ اس کو محض ایک اشرفی کا، تو اس کو ادا نہ کرے تمہارے پاس، مگر جبکہ ہمیشہ اس پر ڈٹے کھڑے رہو، یہ اس سبب سے کہ ان لوگوں کا قول ہے کہ امی لوگوں کے بارے میں ہم پر کوئی گرفت نہیں۔ اور لگاتے ہیں اللہ پر جھوٹ، دیدہ و دانستہ۔ O

۷۶.　ہاں ہاں جس نے پورا کر دیا اپنے عہد کو اور پرہیز گار رہا تو، بیشک اللہ دوست رکھتا ہے پرہیز گاروں کو۔ O

۷۷.　بیشک جو لیتے ہیں اللہ کے عہد اور اپنے قسموں کے بدلے بے حقیقت چیز قیمت، وہ ہیں کہ نہیں کوئی حصہ ان کے لئے آخرت میں، اور نہ ان سے کلام فرمائے اللہ، اور نہ نظر کرے ان کی جانب

قیامت کے دن، اور نہ پاک فرمائے ان کو، اور ان کے لئے عذاب ہے دکھ والا۔ O

۷۸. اور بیشک ان میں ایک جماعت ہے کہ توڑ موڑ کرتے ہیں اپنی زبان کو کتاب میں، تاکہ تم لوگوں کو خیال ہو کہ یہ کتاب ہی کا جز ہے، حالانکہ وہ کتاب سے نہیں، اور بک دیتے ہیں کہ یہ اللہ کی طرف سے ہے، اور وہ اللہ کی جانب سے نہیں ہے۔ اور افتراء کرتے ہیں اللہ پر جھوٹ، جان بوجھ کر۔ O

۷۹. کسی بشر کو حق نہیں کہ اللہ تو اس کو دے کتاب، اور حکم، اور پیغمبری، پھر وہ لوگوں سے یہ کہے کہ ہو جاؤ تم میری ہی بندے اللہ کو چھوڑ کر، لیکن کہے گا، کہ ہو جاؤ اللہ والے، کہ تم کتاب کی تعلیم دیتے رہے اور خود پڑھتے رہے۔ O

۸۰. اور نہ حکم دے گا تم کو بنا لو فرشتوں اور پیغمبروں کو رب۔ کیا حکم دے گا تم کو کفر کا؟ اس کے بعد کہ تم مسلمان ہو۔ O

۸۱. اور جبکہ لیا اللہ نے پیغمبروں کا حتمی وعدہ، کہ جب میں نے دے دیا ہو تم کو کتاب و حکمت، پھر آ گیا تمہارے پاس رسول سچ بتاتا ہوا، جو تمہارے پاس ہے، تو ضرور اس کو مان جانا اور اس کی ضرور مدد کرنا، فرمایا کہ تم لوگوں نے کیا اقرار کیا، اور اپنے اس اقرار پر میری بھاری ذمہ داری لی، سب بولے ہم نے اقرار کیا۔ فرمایا تو سب گواہ ہو جاؤ اور میں خود تمہارے ساتھ گواہوں سے ہوں۔ O

۸۲. تو پھر جو پھرا اس کے بعد، تو وہی نافرمانوں سے ہے۔ O

۸۳. تو کیا اللہ کے دین کے سوا چاہتے ہیں؟ حالانکہ اسی کے لئے سر ڈال دیا ہے جو آسمانوں اور زمین میں ہے خوشی خوشی اور دباؤ سے، اور اسی کی طرف لوٹائے جائیں گے۔ O

۸۴. کہہ دو کہ ہم نے مان لیا اللہ کو، اور جو اتارا گیا ہم پر اور جو اتارا گیا ابراہیم و اسمعیل و اسحاق و یعقوب اور آل یعقوب پر، اور جو دئے گئے موسیٰ و عیسیٰ، اور تمام پیغمبر اپنے رب کی طرف سے ہیں، نہیں

تفریق کرتے ماننے میں ان کے کسی میں، اور ہم اس اللہ کے فرماں برداں ہیں۔ O

۸۵. اور جو چاہے اسلام کے سوا کسی دین کو، تو اس سے ہر گز قبول نہ کیا جائے گا۔ اور وہ آخرت میں ٹوٹے والوں سے ہے۔ O

۸۶. کس طرح ہدایت بخشے اللہ ایسی قوم کو جس نے انکار کیا مان جانے کے بعد، اور گواہی دے چکے تھے کہ رسول حق ہے اور آ چکی تھیں ان کے پاس روشن نشانیاں اور اللہ ہدایت نہیں بخشتا ظالم قوم کو۔ O

۸۷. وہ ہیں جن کا بدلہ یہ ہے کہ ان پر لعنت ہے اللہ اور فرشتوں اور سب لوگوں کی۔ O

۸۸. اس میں ہمیشہ رہنے والے، نہ تخفیف کی جائے گی ان سے عذاب کی، اور نہ وہ مہلت دیئے جائیں گے۔ O

۸۹. مگر جو تائب ہو چکے اس کے بعد، اور اپنی اصلاح کر لی۔ تو بیشک اللہ بخشنے والا رحمت والا ہے۔)O

۹۰. بیشک جنہوں نے کفر کیا ایمان لانے کے بعد، پھر بڑھے کفر میں، تو نہ یسر ہوگی ان کو مقبول توبہ، اور وہی گمراہ لوگ ہیں۔ O

۹۱. بیشک جنہوں نے کفر کیا، اور مرے اس حال میں کہ وہ کافر ہیں، تو ہرگز قبول نہ کیا جائے گا ان میں سے کسی سے زمین بھر سونا، گو اس کو وہ اپنی رہائی کے لئے دے۔ وہ ہیں جن کے لئے دکھ دینے والا عذاب، اور نہیں ہے ان کا کوئی مددگار۔ O

۹۲. ہرگز نہ پاؤ گے نیکی کو یہاں تک کہ خرچ کرو اس سے جس کو پسند کرتے ہو، اور جو خرچ کرو تم کچھ، تو بیشک اللہ تعالیٰ اس کا جاننے والا ہے۔ O

۹۳. سب کھانے کی چیزیں حلال تھیں بنی اسرائیل کے لیے مگر وہ جس کو حرام کر لیا تھا، خود یعقوب نے اپنے اوپر قبل اس کے کہ

اتاری جائے توریت، کہہ دو کہ لاؤ توریت، پھر اس کو پڑھو، اگر سچے

ہو۔ O

۹۴. تو جس نے جھوٹ افترا کیا اللہ پر اس کے بعد تو وہی ظالم لوگ

ہیں O

۹۵. کہہ دو کہ سچ فرمایا اللہ نے۔۔۔ تو پیروی کرو دین ابراہیم

کی، حق پرست باطل شکن کی، اور وہ مشرک نہ تھے۔ O

۹۶. بیشک سب سے پہلا گھر جو بنایا گیا لوگوں کو عبادت کرنے

کے لیے ضرور وہ ہے جو مکہ میں ہے، برکتوں سے بھرا اور دنیا بھر کے

لیے مرکز ہدایت۔ O

۹۷. اس میں روشن نشانیاں ہیں مقام ابراہیم، اور جو اس میں

داخل ہوا امان میں ہو گیا، اور اللہ کی پرستش کے لیے لوگوں پر اس بیت

اللہ کا حج کرنا ہے، جو سکت رکھے اس تک راہ پانے کی، اور جس نے انکار کیا تو اللہ بے پرواہ ہے دنیا بھر سے۔ O

۹۸.     کہہ دو کہ اے اہل کتاب کیوں انکار کرتے ہو اللہ کی آیتوں کا، حالانکہ اللہ شاہد ہے جو تم کر رہے ہو۔ O

۹۹.     کہو کہ اہل کتاب کیوں روکتے ہو اللہ کی راہ سے اس کو جو ایمان لا چکا، تم راہ خدا کو ٹیڑھا کرنا چاہتے ہو حالانکہ تم خود گواہ ہو اور نہیں ہے اللہ بے خبر تمہارے کرتوتوں سے۔ O

۱۰۰.     اے ایمان والو! اگر کہنے پر چلے تم کسی کے جن کو کتاب دی گئی ہے تو پھر کر دیں گے تم کو تمہارے ایمان لانے کے بعد کافر۔ O

۱۰۱.     اور تم کیسے کفر کرو گے حالانکہ تم ہو کہ تلاوت کی جاتی ہیں تم پر اللہ کی آیتیں اور تم میں اللہ کا رسول ہے، اور جو مضبوط پکڑے اللہ کو، تو بیشک اس کو سیدھی راہ کی ہدایت دی گئی۔ O

۱۰۲۔ اے ایمان والو! اللہ کو ڈرو، جو اس سے ڈرنے کا حق ہے، اور مت مرو مگر اس حال میں کہ تم لوگ مسلمان ہو۔ O

۱۰۳۔ اور مضبوط پکڑو اللہ کی رسی سب کے سب، اور الگ الگ نہ ہو، اور یاد کرو اپنے اوپر اللہ کی نعمت کو، جب کہ تم باہم دشمن تھے، تو الفت پیدا کی تمہارے دلوں میں، تو ہو گئے تم اللہ کے فضل سے بھائی بھائی، اور تھے تم کنارے پر ایک غار جہنم کے، تو نکالا تم کو اس سے اسی طرح بیان فرماتا ہے اللہ تمہارے لیے اپنی آیتیں کہ اب تو ہدایت پا جاؤ۔ O

۱۰۴۔ اور تمہاری ایک ایسی جماعت ہونی چاہیے جو بلائیں بھلائی کی طرف اور حکم دیں نیکی کا، اور روکیں برائی سے، اور وہی کامیاب لوگ ہیں۔ O

۱۰۵۔ اور مت ہو جاؤ ان کی طرح جو الگ الگ ہو گئے اور جھگڑ پڑے، بعد اس کے کہ آچکی تھیں ان کے پاس کھلی نشانیاں۔ اور وہی ہیں جن کے لیے بڑا عذاب ہے O

۱۰۶۔ جس دن کہ گورے ہوں گے کہ کچھ چہرے اور کالے ہوں گے کچھ منہ، تو جن کے منہ کالے ہیں۔۔ کیا تم نے کفر کیا تھا ایمان لانے کے بعد؟ تو چکھو عذاب، بدلہ اس کا جو کفر کرتے تھے۔ O

۱۰۷۔ اور وہ جن کے چہرے گورے ہو گئے، وہ اللہ کی رحمت میں ہیں، وہ اس میں ہمیشہ رہنے والے ہیں۔ O

۱۰۸۔ یہ اللہ کی آیتیں ہیں کہ ہم جس کو پڑھتے ہیں تم پر بالکل ٹھیک۔ اور اللہ نہیں چاہتا ظلم اہل دنیا پر۔ O

۱۰۹۔ اور اللہ ہی کا ہے جو کچھ آسمان اور جو کچھ زمین میں ہے اور اللہ ہی کی طرف رجوع کرائے جاتے ہیں سارے کام۔ O

١١٠.    تم ان ساری امتوں میں بہتر ہو جو لوگوں کے لیے ظاہر ہوئیں کہ بھلائی کا تم حکم دو، اور برائی سے روکو اور اللہ پر یقین رکھو۔ اور اگر ایمان لے آتے اہل کتاب، تو ضرور ان کے لیے بہتر تھا، ان میں کچھ ایمان لانے والے ہوئے اور ان کے زیادہ لوگ سب نافرمان ہیں۔ O

١١١.    یہ لوگ تم لوگوں کا کوئی نقصان نہ کر سکیں گے مگر بس ستانا، اور اگر لڑیں تم سے تو پھیر لیں گے تم سے پیٹھ۔۔۔ پھر کوئی مدد نہ دئے جائیں گے۔ O

١١٢.    سوار کر دی گئی ان پر ذلت غلامی جہاں بھی رہیں گے مگر یہ کہ تھام لیں رسی اللہ کی، اور لوگوں کی رسی، اور لوٹ گئے وہ اللہ کے غضب میں، اور چھاپ دی گئی ان پر بے مسکینی۔ یہ اس لیے کہ وہ انکار کرتے تھے اللہ کی آیتوں کا اور شہید کرتے تھے پیغمبروں کو ناحق، یہ سزا ہے اس کی جو نافرمانی کی اور سرکشی کرتے تھے۔ O

۱۱۳۔ سب برابر نہیں ہیں، کہ اہل کتاب ہی میں ایک وہ کمر بستہ جماعت ہے جو تلاوت کریں اللہ کی آیتوں کی رات کی گھڑیوں میں، اور وہ سجدہ کریں۔ O

۱۱۴۔ مانیں اللہ کو اور پچھلے دن کو اور حکم دیں نیکی کا اور روکیں برائی سے، اور تیزی کریں نیک کاموں میں اور وہی لوگ نیکوکار ہیں۔ O

۱۱۵۔ یہ لوگ جو بھلائی کریں تو ہرگز اس سے محروم نہ کیے جائیں گے اور اللہ پرہیزگاروں کو جاننے والا ہے۔ O

۱۱۶۔ بیشک جنہوں نے کفر کیا تو نہ بے پرواہ کرے گا ان کو ان کا مال، اور نہ ان کی اولاد، اللہ سے کچھ بھی، اور وہی جہنم والے ہیں وہ اس میں ہمیشہ رہنے والے ہیں۔ O

۱۱۷۔ مثال اس کی جو خرچ کریں، دنیاوی زندگی کے بارے میں جیسے ہوا، جس میں پالا ہے، وہ پہنچی ایک قوم کی کھیتی پر جنہوں نے خود

اپنا بگاڑ رکھا تھا تو اس کی کھیتی کو تباہ کر دیا اس ہوا نے اور ان پر اللہ نے ظلم نہیں فرمایا لیکن وہ خود اپنے اوپر ظلم کرنے والے ہیں۔ O

۱۱۸. اے ایمان والو! نہ بناؤ راز دار اپنے کسی غیر کو، وہ نہ چھوڑ رکھیں گے کچھ بد خواہی میں۔ ان کی تو آرزو ہے جتنی دشواری تمہیں ہو، ان کے منہ سے ان کا بغض ظاہر ہو چکا ہے اور وہ جو ان کے سینے چھپائے ہیں بہت بڑا ہے، ہم نے ساری نشانیاں تمہارے لیے بیان کر دیں اگر تم عقل سے کام لو۔ O

۱۱۹. سنو کہ ایک تو تم ہو تو ان کو دوست رکھتے ہو اور وہ تم کو دوست نہیں رکھتے اور تم کل کتاب کو مانتے ہو اور وہ جب تم سے ملے، تو کہہ دیا کہ ہم بھی مان چکے، اور جب الگ ہوئے تو چبا ڈالا تم پر انگلیوں کو غصہ سے۔ کہہ دو کہ مر جاؤ اپنی جلن میں۔ بیشک اللہ جانتا ہے سینوں والی باتوں کو۔ O

١٢٠.	اگر تم کو فائدہ ہو تو برا لگے انکو، اور اگر تم کو کوئی نقصان پہنچے تو اس سے وہ خوش ہوں، اور اگر تم صبر کرو اور پرہیزگاری سے کام لیتے رہو، تو نہ بگاڑ سکے تمہارا ان کا مکر۔ کچھ، بیشک اللہ ان کے کرتوتوں کو گھیرنے والا ہے۔ O

١٢١.	اور یاد کرو جب تم صبح کو نکلے اپنے گھر سے کہ بٹھا دو مسلمانوں کو جنگ کے مورچوں پر، اور اللہ سننے والا ہے جاننے والا ہے۔ O

١٢٢.	جبکہ قصد کر لیا تھا تمہارے دو گروہوں نے کہ بزدلی کر جائیں جبکہ اللہ تعالیٰ ان دونوں کا مددگار ہے، اور اللہ ہی پر ایمان والے بھروسہ رکھیں۔ O

١٢٣.	اور بیشک مدد دی تم کو اللہ نے بدر میں، جب کہ تم بے سر و سامان ہو، تو ڈرو اللہ کہ اب شکرگزار ہو جاؤ۔ O

۱۲۴۔ جب تم کہہ رہے تھے مسلمانوں کو کہ کیا تمہیں کافی نہیں کہ مدد فرمائے تمہاری تمہارا پروردگار، تین ہزار فرشتوں سے جو اتارے گئے ہوں۔ O

۱۲۵۔ ہاں ہاں اگر صبر کرو اور پرہیزگاری کرو اور سب دشمن آپڑیں تم پر اسی دم، تو مدد کرے گا تمہاری تمہارا رب پانچ ہزار نشانی والے فرشتوں سے۔ O

۱۲۶۔ اور نہیں کیا اس کو اللہ نے مگر خوش کرنے کو تمہیں، اور تاکہ تمہارے دل مطمئن ہو جائیں، اور نہیں ہے مدد مگر اللہ کے پاس سے غلبہ حکمت والا۔ O

۱۲۷۔ تاکہ کاٹ دے ایک کنارہ ان کا جنہوں نے کفر کیا، یا ان کو ذلیل و خوار کردے تو وہ لوٹیں نامراد ہو کر۔ O

۱۲۸. نہیں ہے تمہاری ذمہ داری اس بارے میں کچھ کہ یا اللہ توبہ
کرالے ان سے یا عذاب دے ان کو، کیوں کہ وہ سب ظالم ہیں۔ O

۱۲۹. اور اللہ ہی کا ہے جو کچھ آسمانوں اور جو کچھ زمین میں ہے بخشے
جسے چاہے، اور عذاب دے جس کو چاہے اور اللہ بخشنے والا رحمت والا
ہے۔ O

۱۳۰. اے ایمان والو! مت کھاؤ سود دونا دون۔ اور اللہ سے ڈرو کہ
اب مراد کو پا جاؤ۔ O

۱۳۱. اور بچو اس آگ سے جو تیار کی گئی ہے کافروں کے لیے۔ O

۱۳۲. اور فرماں برداری کرو اللہ اور رسول کی کہ اب تم رحم کیے
جاؤ۔ O

۱۳۳۔ اور تیزی کرو بخشش کی طرف اپنے رب کی اور جنت کی طرف جس کی چوڑائی ہے سارے آسمان اور زمین، تیار رکھی گئی ہے پرہیزگاروں کے لیے۔ O

۱۳۴۔ جو خرچ کریں خوش حالی اور تنگدستی میں اور پی جانے والے غصہ کو، اور معافی دینے والے لوگوں کو اور اللہ دوست رکھتا ہے احسان کرنے والوں کو۔ O

۱۳۵۔ اور جو کر گزرے کوئی بے حیائی یا ظلم کر بیٹھے اپنے اوپر تو یاد کیا اللہ کو پھر اپنے بخشش چاہی اپنے گناہوں کی اور کون بخشے گا گناہ سوا اللہ کے، اور اصرار نہ کیا اس پر جو کر گزرے دیدہ دانستہ۔ O

۱۳۶۔ وہ ہیں کہ بدلہ ان کا بخشش ہے ان کے رب کی اور جنتیں ہیں، بہتی ہیں جن کے نیچے نہریں اس میں ہمیشہ رہنے والے اور کیا خوب اجر ہے کار گزاروں کا۔ O

۱۳۷۔ ہو چکے ہیں تم سے پہلے بھی کچھ طریقے، تو زمین کی سیر کرو پھر دیکھو کہ کیسا ہوا انجام جھٹلانے والوں کا۔ O

۱۳۸۔ یہ صاف بات ہے لوگوں کے لیے اور ہدایت ہے نصیحت ہے پرہیزگاروں کے لیے۔ O

۱۳۹۔ اور نہ سست ہو اور نہ رنج کرو اور تم ہی بلند اور غالب ہو اگر ہو تم ایمان والے۔ O

۱۴۰۔ اگر لگے تم کو زخم تو بیشک لگ چکا ہے قوم دشمن کو بھی اسی طرح کا زخم۔ اور یہ ایام ہم باری باری پھیرتے ہیں ان لوگوں میں اور تاکہ معلوم کرا دے اللہ ان کو جو ایمان لائے اور بنائے تم میں سے کچھ شہادت والے۔ اور اللہ نہیں پسند فرماتا ظالموں کو۔ O

۱۴۱۔ اور تاکہ خالص کھرا کر دے اللہ ان کو جو ایمان لائے اور مٹا ڈالے کافروں کو۔ O

۱۴۲۔ کیا تم نے خیال کر رکھا ہے کہ جنت میں جاؤ گے اور ابھی معلوم کرائے گا اللہ انہیں جنہوں نے تم میں سے جہاد کیا ہے، اور ابھی معلوم کرائے گا صبر کرنے والوں کو۔ O

۱۴۳۔ اور تم بڑی آرزو رکھتے تھے مرنے کی، قبل اس کے کہ موت سے ملو، تو اب تو تم نے اس کو دیکھ لیا اپنی نظر سے۔ O

۱۴۴۔ اور نہیں ہیں محمد مگر ایک رسول۔ بیشک گزرے ان سے پہلے سارے رسول۔ تو کیا اگر وہ انتقال کریں یا شہید کر دیے جائیں تو تم پلٹ جاؤ گے الٹے پاؤں؟ اور جو الٹے پاؤں پلٹے تو کچھ نہ بگاڑ سکے گا اللہ کا۔ اور اللہ جلد جزا دے گا شکر گزاروں کو)۔ O

۱۴۵۔ اور کسی جان کو حق نہیں کہ مر جائے بغیر حکم اللہ کے، لکھا ہوا ہے وقت مقررہ کردہ۔ اور جو چاہے دنیا کا پھل تو ہم اس کو اس سے دیں، اور جو چاہے آخرت کا ثواب تو ہم اس کو اس سے دیں۔ اور جلد ہم جزا دیں گے شکر والوں کو۔ O

۱۴۶ .    اور کتنے ہی پیغمبروں نے جہاد کیا جن کے ساتھ بکثرت اللہ والے تھے تو وہ سست نہ ہوئے اس مصیبت سے جو ان کو پہنچی اللہ کی راہ میں اور نہ کمزور پڑے اور نہ دبے، اور اللہ دوست رکھتا ہے صبر کرنے والوں کو۔ O

۱۴۷ .    اور نہ تھا ان کا کچھ کہنا، سوا اس کے دعا کی پروردگار، ہم کو بخش دے ہمارے گناہوں کو اور ہماری زیادتی کو اپنے کام میں، اور ہم کو ثابت قدم رکھ اور ہماری مدد فرما کافر قوم پر۔ O

۱۴۸ .    تو دیا ان کو اللہ نے دنیا کی بھلائی اور ثواب آخرت کی خوبی اور اللہ دوست رکھتا ہے احسان کرنے والوں کو۔ O

۱۴۹ .    اے ایمان والو! اگر کہے پر چلو گے ان کے جو کافر ہیں تو لوٹا دیں گے تم کو اُلٹے قدم، تو تم ہی اُلٹے گھاٹا اٹھاؤ گے۔ O

۱۵۰ .    بلکہ اللہ تمہارا مولیٰ ہے، اور وہ سب سے بہتر مددگار ہے۔ O

۱۵۱. جلد ڈال دیں گے ہم دلوں مین ان کے جو کافر ہیں رعب کو، کیونکہ انہوں نے شریک بنایا اللہ کا اس کو جس کو اللہ نے کوئی سند نہیں اتاری، اور ان کا ٹھکانہ جہنم ہے اور کتنا ہی برا ہے ٹھکانہ ظالموں کا۔ O

۱۵۲. اور بیشک ضرور سچ کر دکھایا تم کو اللہ نے اپنے وعدہ کو، جبکہ تم قتل کر رہے تھے ان کو اس کے حکم سے، یہاں تک کہ جب تم بزدل ہو گئے اور تعمیل حکم میں جھگڑنے لگے اور نافرمانی کی، بعد اس کے کہ دکھا دیا تم کو جو تم چاہتے ہو۔ تم میں کوئی چاہے دنیا کو اور کوئی چاہے آخرت کو، پھر تو پھیر دیا تم کو ان کی جانب سے، تاکہ آزمائے تم کو، اور بیشک اس نے تم کو معافی دے دی، اور اللہ فضل والا ہے ایمان والوں پر۔ O

۱۵۳. جب تم چڑھے چلے جاتے تھے اور مڑتے نہ تھے کسی پر، اور رسول تم کو بلا رہے تھے تمہاری پچھلی جماعت میں، تو غم کے بدلے

تم کو غم دیا، تاکہ رنج کرو اس پر جو جاتا رہا تم سے، اور نہ اس پر جو آ پڑے تم پر، اور اللہ باخبر ہے جو تم کرو۔ O

۱۵۴۔ پھر اتارا تم پر غم کے بعد سکون نیند جو تم میں سے ایک جماعت پر چھا رہی تھی، اور ایک جمعیت ان کو غم میں ڈال دیا تھا، ان کی جانوں نے گمان رکھتے تھے اللہ سے ناحق، جاہلیت کا گمان۔ کہیں کہ کیا ہمیں بھی کچھ اختیار ہے، کہہ دو کہ اختیار تو بالکل اللہ کا ہے۔ چھپاتے ہیں اپنے اندر وہ جو ظاہر نہیں کرتے، تم سے کہتے ہیں کہ اگر ہمیں کچھ اختیار ہوتا، تو ہم یہاں مارے نہ جاتے۔ کہہ دو اگر تم اپنے گھروں میں ہوتے ضرور نکل آتے وہ لکھ دیا گیا ہے جن پر قتل ہو جانا اپنی اپنی قتل گاہ میں، اور تاکہ آزمائے اللہ جو تمہارے سینوں میں ہے۔ اور تاکہ چھانٹ کر رکھ دے جو تمہارے دلوں میں ہے۔ اور اللہ سینوں کی بات کو جانتا ہے۔ O

۱۵۵۔ بیشک جو لوگ پھر گئے تم میں سے جس دن ملیں دونوں فوجیں، ان کو شیطان ہی نے ڈگمگا دیا، سبب اس کے جو بعض کمائی کی تھی انہوں نے اور بیشک ضرور الہ نے معاف فرما دیا ان سے، بیشک اللہ تعالیٰ بخشنے والا حلم والا ہے۔ O

۱۵۶۔ اے مسلمانو! مت ہو ان کی طرح جنہوں نے کفر کیا، اور اپنے بھائیوں کے لیے کہا، جب کہ وہ سفر گئے زمین میں یا مجاہد تھے کہ اگر ہوتے ہمارے پاس تو نہ مرتے اور نہ قتل کیے جاتے تاکہ کر دے اللہ اس کو حسرت ان کے دلوں میں اور اللہ جلاتا ہے اور مارتا ہے، اور اللہ جو کرو دیکھ رہا ہے۔ O

۱۵۷۔ اور بیشک اگر تم شہید کر دئے گئے اللہ کی راہ میں یا مرے، تو اللہ کی بخشش اور رحمت ضرور زیادہ بہتر ہے اس سے جو وہ کافر جمع کریں۔ O

۱۵۸۔    اور بیشک تم اگر مرے یا شہید کیے گئے تو ضرور اللہ ہی کی طرف اٹھائے جاؤ گے۔ O

۱۵۹۔    تو اللہ کی رحمت ہی کا سبب ہے کہ تم نرم دل ہوئے ان کے لیے، اور اگر ہوتے تم طبیعت کے تند اور دل کے سخت، ضرور وہ سب ادھر ادھر ہو جاتے تمہارے گرد سے، تو ان کو معاف کرو اور ان کے لیے بخشائش چاہو، اور کام میں ان سے مشورہ لیا کرو، پھر جب تم نے مضبوط ارادہ کر لیا، تو اللہ پر بھروسہ رکھو، بیشک اللہ دوست رکھتا ہے توکل والوں کو۔ O

۱۶۰۔    اگر مدد فرمائے تم لوگوں کی اللہ، تو کوئی تمہارے اوپر غالب نہیں اور اگر چھوڑ دے تم لوگوں کو، تو کون وہ ہے جو تمہاری مدد کرے اس کے بعد، اور اللہ پر ہی بھروسہ رکھیں ایمان والے۔ O

۱۶۱. ممکن نہیں نبی کے لیے کچھ دبا بیٹھیں۔ اور جو شخص کچھ دبا لے
وہ لائے گا جو کچھ دبا لیا ہے قیامت کے دن۔ پھر بھرپور دیا جائے گا ہر
ایک جو کمارکھا ہے اور وہ ظلم نہیں کیے جائیں گے۔ O
۱۶۲. تو کیا جس نے پیروی کی اللہ کی مرضی کی وہ اس کی طرح ہے
جو لوٹ آیا اللہ کے غضب میں اور اس کا ٹھکانہ جہنم ہے اور کیا بری
پھرنے کی جگہ ہے۔ O
۱۶۳. وہ اللہ کے یہاں درجہ درجہ ہیں اور اللہ ان کے کیئے کو دیکھنے
والا ہے۔ O
۱۶۴. البتہ بیشک احسان فرمایا اللہ نے ایمان والوں پر جو بھیجا ان میں
رسول، انہیں سے تلاوت کرے، ان پر اللہ کی آیتیں اور پاک کرے
ان کو اور سکھائے ان کو کتاب و حکمت، ورنہ ضرور وہ لوگ پہلے سے
کھلی گمراہی میں تھے۔ O

١٦٥. کیا جب پہنچی تم کو ایسی مصیبت کہ تم خود مصیبت دے چکے
تھے اس سے دونی، تو تم کہنے لگے کہ یہ کہاں ہے؟ جواب دو کہ وہ خود
تمہاری طرف سے ہے۔ بیشک اللہ ہر چیز پر قدرت والا ہے۔ O
١٦٦. اور جو کچھ مصیبت آئی تم پر جس دن ملی دونوں فوجیں تو یہ اللہ
کے حکم سے، اور تا کہ معلوم کرا دے ایمان والوں کو۔ O
١٦٧. اور تا کہ معلوم کرا دے ان کو جو منافق ہوئے اور ان کو حکم دیا
گیا کہ آؤ اللہ کی راہ مین جہاد کرو، یا دشمنوں کو ہٹاؤ، بولے اگر ہم جان
لیتے لڑائی ہونے کو، تو ضرور تمہاری پیروی کر چکے ہوتے، وہ لوگ
علانیہ کفر سے آج زیادہ نزدیک ہیں بہ نسبت ایمان کے، کہتے ہیں
اپنے منہ سے جو نہیں ہے ان کے دل میں۔ اور اللہ خوب جانتا ہے جو
وہ چھپاتے ہیں۔ O

۱٦٨.  جنھوں نے کہا اپنے رشتہ دار بھائیوں کے لیے خود بیٹھ رہے
کہ اگر ہمارے کہے پر چلے ہوتے تو قتل نہ کیے جاتے۔ جواب دو کہ
تمہیں ہٹا لو اپنے سے موت کو اگر سچے ہو۔ O

۱٦٩.  اور خیال بھی نہ کرنا، جو شہید کیے گئے اللہ کی راہ میں ان کو
مردہ بلکہ زندہ ہیں اپنے رب کے پاس روزی دیے جاتے ہیں۔ O

۱٧٠.  خوش خوش اس سے جو دیا ہے ان کو اللہ نے اپنے فضل
سے۔ اور شاد ہو رہے ہیں ان سے، جو ابھی نہیں ملے ان سے بعد
والے۔ کہ ان پر کوئی خوف ہے اور نہ وہ رنجیدہ ہوں۔۔ O

۱٧١.  شاد شاد ہو رہے ہیں اللہ کی نعمت و فضل سے، اور یہ کہ بیشک
اللہ نہیں بے کار کرتا ایمان والوں کے اجر کو۔ O

۱۷۲.    جو بلانے پر حاضر ہو گئے اللہ و رسول کے بعد اس کے کہ پہنچ چکا تھا ان کو زخم ان کے لیے جنھوں نے اچھے کام کیے ان میں سے اور پرہیزگار ہوئے بڑا ثواب ہے۔ O

۱۷۳.    وہ جن لوگوں نے کہا کہ بیشک لوگوں نے ایک جماعت بنا لی تمہارے لیے ان کو ڈرو، تو اس خبر نے بڑھا دیا ان کو ایمان میں، اور بولے کہ کافی ہے ہمارے لیے اللہ اور کیسا اچھا کارساز ہے۔ O

۱۷۴.    تو وہ لوٹے اللہ کی نعمت و فضل کے ساتھ، نہ چھوا ان کو کسی برائی نے۔ اور وہ چلے اللہ کی مرضی پر۔۔ اور اللہ بڑے فضل والا ہے۔ O

۱۷۵.    بس یہ شیطان ہی ہے ڈرواتا ہے اپنے دوستوں سے، تو تم ان کو نہ ڈرو، تم تو مجھ سے ڈرو اگر ایمان والے ہو۔ O

۱۷۶۔ اور نہ رنجیدہ کریں تم کو جو دوڑ کر رہے ہیں کفر میں، بلاشبہ وہ کچھ نہ بگاڑ سکیں گے اللہ کا۔ اللہ چاہتا ہے کہ نہ رکھے ان کے لیے کوئی حصہ آخرت میں، اور ان کے لیے بڑا عذاب ہے۔ O

۱۷۷۔ بیشک جنہوں نے خریدا کفر کو ایمان کے بدلے، ہرگز نہ بگاڑ سکیں گے اللہ کا کچھ، اور ان کے لیے دکھ دینے والا عذاب ہے۔ O

۱۷۸۔ اور نہ گمان کریں کافر لوگ کہ جو ہم ڈھیل دیتے ہیں ان کو یہ بہتر ہے ان کے لیے، ہم ڈھیل دیتے ہیں ان کو صرف اس لیے کہ خوب بڑھیں گناہ میں اور ان کے لیے رسوا کن عذاب ہے۔ O

۱۷۹۔ نہیں ہے اللہ، کہ چھوڑ دے تم مدعیان اسلام کو جس پر ہو یہاں تک کہ الگ کر دے خبیث کو اچھے سے اور نہیں ہے اللہ کہ آگاہی بخشے تم سب کو غیب پر لیکن اللہ چن لیتا ہے اپنے رسولوں سے جسے چاہے تو مان جاؤ اللہ اور اس کے رسولوں کو۔ اور اگر مان جاؤ اور پرہیزگاری کرو تو تمہارے لیے بڑا اجر ہے۔ O

۱۸۰۔ اور نہ خیال کریں جو کنجوسی کرتے ہیں اس میں جو دے دیا ہے، ان کو اللہ نے اپنے فضل سے، کہ وہ بہتر ہے کہ ان کے لیے، بلکہ وہ برا ہے ان کے لیے، جلد طوق پہنائے جائیں گے اس کا جس میں کنجوسی کی ہے قیامت کے دن۔ اور اللہ ہی کے لیے وارثی آسمانوں اور زمین کی، اور اللہ تعالیٰ تمہارے سب کیے سے باخبر ہے۔ O

۱۸۱۔ بیشک ضرور سنا اللہ نے ان کی بولی جو بولے کہ اللہ محتاج ہے اور ہم تو نگر ہیں۔۔ اب ہم ان کے کہے کو لکھ رکھیں گے اور ان کا قتل کرنا پیغمبروں کو ناحق، اور کہیں گے کہ چکھو آگ کا عذاب۔ O

۱۸۲۔ یہ بدلہ اس کا جو پہلے کر رکھا ہے تمہارے ہاتھوں نے اور بیشک اللہ نہیں ہے ظلم فرمانے والا بندوں کے لیے۔ O

۱۸۳۔ جنہوں نے کہا کہ بیشک اللہ نے ہم سے عہد لیا ہے کہ نہ مانیں کسی رسول کو، یہاں تک کہ وہ لے آئے ایسی قربانی جس کو کھا جائے

آگ، تم جواب دو کہ لائے تمہارے پاس بہتیرے رسول مجھ سے پہلے روشن نشانیوں کو، اور وہ جس کو تم نے کہا، تو کیوں شہید کر ڈالا تم نے ان کو اگر تم سچے تھے۔ O

۱۸۴۔    پھر اگر انہوں نے تکذیب کر دی تمہاری، تو بیشک تکذیب کیے گئے بہتیرے رسول تم سے پہلے جو لائے تھے روشن نشانیاں اور صحیفے اور روشن کتاب۔ O

۱۸۵۔    ہر ایک چکھنے والا ہے موت کا۔ اور پورا پورا دئے جاؤ گے اپنا سارا اجر قیامت ہی کے دن۔ تو جو بچا لیا گیا جہنم سے اور داخل کیا گیا جنت میں تو بیشک کامیاب ہوا۔ اور نہیں ہے دنیاوی زندگی مگر دھوکے کی پونجی۔ O

۱۸۶۔    ضرور آزمائے جاؤ گے اپنے اپنے مال اور جان میں۔۔ اور ضرور سنو گے ان سے جن کو کتاب دی گئی تم سے پہلے اور ان سے

جنہوں نے شرک کیا ہے بہت کچھ موذی باتیں۔ اور اگر تم لوگ صبر کرو اور متقی رہو تو یہ بڑی ہمت کا کام ہے۔ O

۱۸۷۔ اور جبکہ لیا تھا اللہ نے مضبوط وعدہ ان کا جن کو کتاب دی گئی کہ ضرور بیان کر دو گے تم لوگوں سے، اور نہ چھپاؤ گے اس کو، تو پھینک دیا انہوں نے اسے اپنی پیٹھ پیچھے، اور لیا اس کے بدلہ میں قیمت ذلیل چیز۔ تو کتنا برا ہے جو وہ لیتے ہیں۔ O

۱۸۸۔ ہرگز خیال نہ کرو، کہ جو خوش ہوتے ہیں اپنے کیے سے اور چاہتے ہیں کہ تعریف کیے جائیں اس سے جو کو کیا ہی نہیں، تو ان کو یہ نہ خیال کرو کہ عذاب سے بچاؤ میں ہیں۔ اور انہیں کے لیے دکھ دینے والا عذاب ہے۔ O

۱۸۹۔ اور اللہ ہی کے لیے آسمانوں اور زمین کی ملکیت۔ اور اللہ ہر چیز پر قدرت والا ہے۔ O

۱۹۰۔ بیشک! آسمانوں اور زمین کے پیدا کرنے میں اور رات اور دن کے ادلنے بدلنے میں، ضرور نشانیاں ہیں عقل والوں کے لیے۔ O

۱۹۱۔ جو یاد کیا کریں اللہ کو کھڑے اور بیٹھے اور کروٹوں پر اور غور و فکر کریں آسمانوں اور زمین کی پیدائش میں۔ پروردگار نہیں تو نے اس پیدا فرمایا اس کو بے کار۔ پاک ہے تو تو بچا لے ہم کو جہنم سے۔ O

۱۹۲۔ پروردگار! بیشک جسے ڈال دے جہنم میں تو تو نے رسوا کر دیا اس کو اور نہیں ہے ظالموں کے لیے کوئی مددگار۔ O

۱۹۳۔ پروردگار! بیشک ہم نے سنا ایک منادی کو کہ اعلان کرتے ہیں ایمان کے لیے کہ لوگو اپنے پروردگار کو مان جاؤ تو ہم مان گئے، پروردگار بخش دے ہمارے گناہوں کو اور مٹا دے ہمارے گناہوں کو اور وفات دے ہم کو نیک کرداروں کے ساتھ۔ O

۱۹۴.  پروردگار! دے ہم کو جو تو نے ہم سے وعدہ فرمایا اپنے رسولوں پر اور نہ رسوائی دے ہم کو قیامت کے دن بے تو نہیں خلاف کرتا وعدہ کا۔ O

۱۹۵.  تو قبول فرما لیا ان کی دعا کو ان کے رب نے کہ بیشک میں ضائع نہیں کرتا کام کسی کامی کا تم میں سے، مرد ہو یا عورت تم میں سب ایک دوسرے سے ہیں تو جنہوں نے ہجرت کی اور نکالے گئے اپنے گھروں سے اور ستائے گئے میری راہ میں اور وہ لڑے اور شہید ہو گئے ضرور مٹاؤں گا ان سے ان کے گناہوں کو، اور ضرور داخل کروں گا ان کو جنتوں میں کہ بہا کریں جن کے نیچے نہریں، اللہ کی طرف سے ثواب، اور اللہ اسی کے پاس ثواب کا حسن ہے۔ O

۱۹۶.  ہر گز نہ دھوکہ دے تمہارے لوگوں کو اینٹھتے پھرنا کافروں کا شہروں میں)۔ O

۱۹۷.    تھوڑا برتنا ہے۔۔ پھر ان کا ٹھکانہ جہنم ہے اور کیسا برا بستر ہے۔ O

۱۹۸.    لیکن جو ڈرا کئے اپنے رب کو، ان کے لیے جنتیں ہیں بہہ رہی ہیں ان کے نیچے نہریں، ہمیشہ رہنے والے اس میں مہمانی اللہ کی طرف سے اور جو اللہ کے پاس ہے زیادہ بہتر ہے نیکوکاروں کے لیے۔ O

۱۹۹.    اور بیشک بعض اہل کتاب ہیں کہ مانیں اللہ کو اور جو اتارا گیا تم پر اور جو اتارا گیا ان پر، دبے لچے اللہ کے سامنے نہیں لیتے اللہ کی آیات کے بدلے قیمت کم حقیقت۔ وہ ہیں جن کے لیے اجر ہے ان کے رب کے پاس۔ بیشک اللہ جلد حساب فرمانے والا ہے۔ O

۲۰۰.    اے ایمان والو! صبر کرو اور صبر میں بڑھ جاؤ، اور حفاظت ملک اسلامی کے لیے کمر بستہ رہو۔ اور اللہ کو ڈرو کہ امیدوار کامیابی ہو جاؤ۔ O

# ۴۔ سورۃ النساء

نام سے اللہ کے بڑا مہربان بخشنے والا O

۱. اے لوگو! ڈرو اپنے پروردگار سے، جس نے پیدا فرمایا تم کو ایک جان سے اور پیدا فرمایا اس جان سے اس کا جوڑ اور پھیلا دیا ان دونوں سے بہتیرے مرد اور عورتیں۔ اور ڈرو اللہ کو جس کے نام پر مانگتے رہتے ہو، اور اپنے رشتوں کو، بیشک اللہ تم پر نگراں ہے۔ O

۲. اور دے ڈالو یتیموں کو ان کے مال کو، اور بدلے میں نہ لو ناپاک کو پاک کے، اور مت کھایا کرو ان کے مال کو اپنے مال کے ساتھ۔ بیشک یہ گناہ کبیرہ ہے۔ O

۳.     اور اگر تم ڈرے کہ انصاف نہ کر سکو گے یتیموں میں، تو نکاح میں لے آؤ جو تمہاری پسندیدہ عورتوں سے دو دو، تین تین، چار چار، پھر اگر تم ڈرے کہ برابر کا برتاؤ نہ کر سکو گے تو ایک بیوی کرو یا تمہاری مملوک لونڈیاں۔ یہ طریقہ اس امید کو قریب کرنے والا ہے کہ تم زیادتی نہ کر سکو گے۔ O

۴.     اور دے ڈالو عورتوں کو ان کا سارا مہر، خوش خوش۔ ہاں اگر وہ خوش دلی سے دے دیں کچھ مہر سے تو اس کو کھاؤ جائز درست۔ O

۵.     اور نہ دے ڈالو بیوقوفوں کو اپنے زیر نگرانی مال کو جس کو بنا دیا اللہ نے تمہارے لیے معاش، اور دیتے رہو ان کو اس میں سے اور پہناتے رہو کو ان کو اور بولا کرو ان سے خوش گوار بولی۔ O

۶.     اور جانچتے رہو یتیموں کو یہاں تک کہ جب نکاح کو پہنچیں تو اگر تم نے مانوس دیکھا ان کو سمجھ بوجھ سے، تو دے ڈالو ان کو ان کا مال، اور نہ کھاؤ اس کو حاجت سے زیادہ اور جلدی جلدی، کہ بڑے ہو جائیں

گے۔ اور جو خود مال دار ہو تو وہ بچا کرے۔ اور جو محتاج ہو تو وہ کھا لیا کرے بقدر مناسب۔ پھر جب تم ان کو ان کا مال واپس کرو تو گواہ بنا لو ان پر اور اللہ کافی ہے حساب لینے والا۔ O

۷. مردوں کے لیے حصہ ہے جو چھوڑ گئے ان کے ماں باپ اور قرابت دار، اور عورتوں کے لیے حصہ ہے جو چھوڑ گئے ان کے ماں باپ اور قرابت دار کم ہو یا زیادہ مقرر حصہ۔ O

۸. اور اگر موجود ہوں بانٹنے کے وقت عزیز لوگ، اور یتیم اور مسکین لوگ، تو دے دیا کرو کچھ انہیں اس سے اور بولو ان سے اچھی بولی۔ O

۹. اور ڈریں جو اگر چھوڑ جائیں اپنے بعد کمزور اولاد تو ان پر؟ ڈریں، تو وہ ڈریں اللہ کو اور بولیں ٹھیک بولی۔ O

۱۰۔ بیشک جو لوگ کھائیں یتیموں کا مال ناحق، وہ کھائیں اپنے پیٹ میں نری آگ اور جلد پہنچیں گے جہنم۔ O

۱۱۔ حکم دیتا ہے تم کو اللہ تعالیٰ تمہاری اولاد کے بارے میں کہ، بیٹے کے لیے حق دو بیٹیوں کے حصے کے برابر ہے، پھر اگر صرف بیٹیاں ہوں دو سے زیادہ، تو ان کے لیے دو تہائی ہے ترکہ کا، اور اگر ایک ہو تو اس کے لیے آدھا ہے اور اس کے ماں باپ کے لیے ہر ایک کے لیے چھٹا حصہ ترکہ کا، اگر کوئی اس کی اولاد ہو، اور اگر اس کی اولاد نہ ہو، اور وارث ہوں ماں باپ تو اس کی ماں کا، تہائی حصہ ہے، اور اگر اس کے بھائی بہنیں ہوں تو اس کی ماں کا چھٹا حصہ ہے، وصیت پوری کرنے کے بعد جو وہ کرے اور ادائے قرض کے بعد، تمہارے باپ اور تمہارے بیٹے تم نہیں جانتے کہ ان میں کون تمہارے نفع کے نزدیک ہے حصہ مقررہ اللہ کی طرف سے، بیشک اللہ علم والا حکمت والا ہے۔ O

۱۲۔ اور تمہارے لیے آدھا ہے جو ترکہ چھوڑا تمہاری بیبیوں نے اگر ان کے اولاد نہیں، اور اگر اولاد ہے تو تمہارا حصہ چوتھائی ہے جو ان کا ترکہ ہو وصیت پوری کرنے کے بعد، جو وہ وصیت کر جائیں اور ادائے قرض کے بعد، اور بیبیوں کا حصہ چوتھائی جو تم لوگوں کا ترکہ ہو اگر نہ ہو تمہاری اولاد۔ پس اگر تمہاری اولاد ہو تو ان کا حصہ آٹھواں ہے تمہارے متروکہ کا بعد پوری کرنے وصیت کے جو تم وصیت کر جاؤ، اور ادائے قرض کے بعد۔ اور اگر کوئی مورث بے ماں باپ کا اور لا ولد مرد ہو یا عورت اور اس کے ماں جایا بھائی یا بہن ہے، تو ان میں سے ہر ایک کا حصہ چھٹا ہے، اور اگر اس سے زیادہ ہوں تو وہ سب شریک ہیں اور ایک تہائی میں، وصیت پوری کرنے کے بعد جس کی وصیت کی جائے اور ادائے قرض کے بعد بے ضرر۔ قانون اللہ کی طرف سے، اور اللہ علم والا، حلم والا ہے۔ O

۱۳۔　یہ ہیں اللہ کی حد بندیاں اور جو حکم چلائے اللہ اور اس کے رسول کا تو داخل کرے گا اس کو جنتوں میں بہہ رہی ہوں گی جن کے نیچے نہریں ہمیشہ رہنے والے اس میں۔ اور یہ بلندی بڑی کامیابی ہے۔ O

۱۴۔　اور جو نافرمانی کرے اللہ اور اس کے رسول کی اور بڑھ جائے اس کی حد بندیوں سے، ڈال دے گا اس کو جہنم میں، ہمیشہ رہنے والا اس میں اور اس کے لیے عذاب ہے رسوا کرنے والا۔ O

۱۵۔　اور جو بدکاری کریں تمہاری عورتوں سے تو ان پر گواہ بنا لو چار اپنوں سے۔ تو اگر انہوں نے گواہی دی، تو ان کو بند کر دو گھروں میں یہاں تک کہ پوری مدت کر دے ان کی موت یا نکال دے اللہ ان کے لیے کوئی راہ۔ O

۱۶.	اور جو تم سے بدکاری کریں تو دونوں کو ستاؤ، پس اگر توبہ کرلی اور ٹھیک ہو گئے تو ان کو چھوڑ دو بیشک اللہ تعالیٰ توبہ قبول فرمانے والا ہے بخشنے والا ہے۔ O

۱۷.	توبہ قبول فرمالینا اللہ پر انہیں کے لیے ہے جو کر بیٹھیں گناہ انجانی میں، پھر توبہ کرلیں جلدی سے تو وہ ہیں کہ توبہ قبول فرمالے اللہ ان کی اور اللہ ہے علم والا حکمت والا۔ O

۱۸.	اور توبہ ان کے لیے نہیں ہے جو برائیاں کرتے رہیں یہاں تک کہ جب آگئی کسی کو موت تو کہنے لگے کہ میں نے تواب بیشک توبہ کرلی۔ اور نہ ان کے لیے جو مریں کافر۔ جن کے لیے ہم نے تیار کر رکھا ہے عذاب دکھ دینے والا۔ O

۱۹.	اے وہ جو ایمان لا چکے، نہیں حلال ہے تمہارے لیے کہ وارث بن جاؤ عورتوں کے زبردستی اور نہ روکو ان کو اس نیت سے کہ کچھ لے لو جو ان کو مہر دے ڈالا تھا، مگر ان کی کھلی بدکاری پر۔ اور ان

سے برتاؤ اچھا رکھو۔ پھر اگر برا جانا تم نے ان کو، تو قریب ہے کہ تم ناپسند کرو کچھ اور کر دے اللہ اس میں بڑی بھلائی۔ O

۲۰.      اور اگر ارادہ کر لیا تم نے دوسری بیوی لانے کا، بجائے پہلی بیوی کے، اور دے ڈالا تم نے ان میں سے کسی کو بہت زیادہ مہر تو نہ لو اس سے کچھ، کیا اس کو لو گے بہتان باندھ کر اور کھلے گناہ سے۔ O

۲۱.      اور تم کیسے لو گے اسے حالانکہ تم ایک دوسرے سے بے پردہ ہو چکے، اور وہ لے چکی ہیں تم سے گاڑھا عہد۔ O

۲۲.      اور مت نکاح کرو ان عورتوں سے جن سے نکاح کر چکے تمہارے باپ، بجز اس کے جو پہلے گزر گیا۔ بیشک یہ بے شرمی اور غصہ دلانے والا کام ہے اور بری راہ ہے۔ O

۲۳.      حرام کر دی گئیں تم پر تمہاری مائیں اور تمہاری بیٹیاں اور تمہاری بہنیں اور تمہاری پھوپھیاں اور تمہاری خالائیں اور بھتیجیاں اور بھانجیاں اور وہ مائیں جنہوں نے دودھ پلایا تم کو اور تمہاری بہنیں

دودھ شری کی اور تمہاری ساس، اور تمہاری وہ پالک جو تمہاری گود میں ہے، ان بیبیوں سے جن سے تم نے صحبت کی ہے، پس اگر تم نے ان سے صحبت نہیں کی ہے تو پھر کوئی مضائقہ نہیں، اور تمہارے صلبی بیٹوں کی بیبیاں اور اکٹھا کرنا دو بہنوں کو مگر جو پہلے گزر گیا، بیشک اللہ بخشنے والا رحمت والا ہے۔ O

۲۴. اور شوہر والی عورتیں مگر جن پر تمہارے ہاتھوں نے قبضہ مالکانہ کرلیا، لکھا اللہ کا تم پر اور حلال کر دی گئیں تم پر ان کے سوا ساری کہ تلاش کرو اپنے مال کے عوض قلعہ بسانے کے لیے نہ کہ مستی بہانے کے لیے۔ تو جب تم نے ان سے نفع اٹھانا چاہا تو دے ڈالو کہ ان کو معاوضہ مقررہ، اور تم پر کوئی گناہ نہیں جس مقدار پر تم سب راضی ہو جاؤ مہر مقرر کے بعد۔ بیشک اللہ دانا حکیم ہے۔ O

۲۵. اور جو سکت نہ لا سکا مال کی کہ نکاح میں لائے آزاد پاک دامن ایمان والیوں کو، تو ان سے جن پر تمہارے ہاتھوں کا مالکانہ قبضہ ہو چکا،

لونڈیاں ایمان والیاں۔ اور اللہ اچھی طرح جانتا ہے تمہارے ایمان کو، تم میں سے ایک دوسرے سے ہے تو ان لونڈیوں سے نکاح کر لو اجازت سے ان کے مالکوں کی اور دے ڈالو ان کو ان کے مہر کو حسب دستور عفت کے قلعہ کی رہنے والیاں نہ کہ مستی بہانے والیاں اور نہ چھپے یار بنانے والیاں۔ تو جب وہ بس جائیں پھر اگر کوئی بدکاری لائیں تو ان پر آدھی ہے آزاد عورتوں کی سزا سے۔ یہ نکاح اس کے لیے ہے جو تم میں ڈر گیا گناہ میں پڑنے کو۔ اور تمہارا صبر کرنا بہت اچھا ہے تمہارے لیے۔ اور اللہ بخشنے والا رحمت والا ہے۔ O

۲۶. اللہ کی مرضی ہے کہ صاف صاف تم سے بیان فرما دے اور دکھا دے تم کو طریقے تمہارے اگلوں کے، اور تمہاری توبہ قبول فرما لے اور اللہ علم والا حکمت والا ہے۔ O

۲۷. اور اللہ چاہتا ہے توبہ قبول فرما لینے کو تم پر، اور چاہتے ہیں وہ جو شہوت کی غلامی کرتے ہیں، کہ تم بڑی ٹیڑھی راہ چلو۔ O

۲۸. اللہ چاہتا ہے کہ ہلکا کر دے تم سے، اور پیدا کیا گیا انسان کمزور۔ O

۲۹. اے وہ جو ایمان لا چکے! نہ کھاؤ اپنے مالوں کو باہمی ناحق، مگر یہ ہو کاروباری طور پر تم سب کی رضا مندی سے، اور نہ قتل کرو تم اپنے کو۔ بیشک اللہ تم کو بخشنے والا ہے۔ O

۳۰. اور جو کرے یہ سرکشی اور ظلم سے، تو ہم جلد پہنچا دیں گے اس کو جہنم، اور یہ اللہ کے لیے آسان ہے۔ O

۳۱. اگر بچتے رہے تم کبیرہ گناہوں جن سے تم کو روکا گیا ہے تو میٹ دیں گے ہم تم سے تمہاری دوسری برائیوں کو، اور داخل کریں گے تم کو ذی عزت محل میں۔ O

۳۲. اور تمنا نہ کرو جس سے بڑائی دی اللہ نے تم میں ایک کو دوسرے پر مرد کے لیے حصہ ہے، جو انہوں نے کمائی کی اور عورت

کے لیے حصہ ہے اس سے جو انہوں نے کمائی کی اور سوال کرو اللہ سے اس کے کرم کا، بیشک اللہ ہر موجودہ کا جاننے والا ہے۔ O

۳۳. اور سب کے لیے بتا دیا ہم نے حق دار کو جو ترکہ کریں ان کے ماں باپ اور قرابت مند اور وہ جنہیں تمہارے حلفوں نے پابند کر دیا تو ان کو ان کا حصہ دو بیشک اللہ ہر موجود کو سامنے رکھنے والا ہے۔ O

۳۴. مرد لوگ حکمران ہیں عورتوں پر، یوں کہ فضیلت دی اللہ نے ان میں سے ایک کو دوسرے پر، اور یوں کہ خرچ کیا مردوں کو اپنے مال کو، پس نیک بیبیاں فرمانبردار ہیں پیٹھ پیچھے، نگرانی رکھنے والے ہیں جس کو حفاظت میں لے لیا اللہ نے اور ایسی کہ تم کو خطرہ ہو جن کی نالائقی کا، تو انہیں سمجھاؤ بجھاؤ اور ان کو بستروں میں تنہا، چھوڑ دو اور انہیں مارو پھر اگر وہ فرماں بردار ہو گئیں تمہاری نہ ڈھونڈو ان پر الزام رکھنے کی راہ بیشک اللہ بڑا بلند ہے۔ O

۳۵۔ اور اگر تمہیں اندیشہ ہو میاں بیوی کے جھگڑے کا، تو بھیجو ایک پنچ مرد والوں سے اور ایک پنچ عورت والوں سے، اگر یہ دونوں ارادہ کر لیں صلح کرانے کا تو اللہ توفیق دے گا ان کے درمیان، بیشک اللہ جاننے والا بتانے والا ہے۔ O

۳۶۔ اور پوجو اللہ کو، اور نہ شریک بناؤ اس کا کسی کو، اور ماں باپ کے ساتھ نیکی اور قرابت داروں اور یتیموں اور مسکینوں اور رشتہ دار پڑوسی اور اجنبی پڑوسی اور پہلو نشین اور مسافر اور جن پر مالکانہ دسترس ہے، بیشک اللہ نہیں پسند فرماتا جو ڈینگ ہانکنے والا، شیخی بگھارنے والا ہو۔ O

۳۷۔ جو کنجوسی کرتے ہیں اور لوگوں کو کنجوسی کا حکم دیں اور چھپائیں جو دے رکھا ہے انہیں اللہ نے اپنے فضل سے، اور تیار کر رکھا ہے ہم نے کافروں کے لیے عذاب رسوا کرنے والا۔ O

۳۸۔    اور جو خرچ کریں اپنے مال کو، لوگوں کو دکھانے کو اور نہ مانیں اللہ کو، اور نہ پچھلے دن کو اور وہ کہ شیطان جس کا یار ہو برا یار ہوا۔ O

۳۹۔    اور کیا ہو جاتا ان پر اگر مان جاتے اللہ کو اور پچھلے دن کو اور خرچ کرتے جو روزی دی تھی اللہ نے انہیں۔ اور اللہ ان کو جاننے والا ہے۔ O

۴۰۔    بیشک اللہ نہیں ظلم فرماتا ذرہ بھر بھی اور اگر تم سے ایک نیکی ہو تو اس کو دوگنا کر دیتا ہے اور دیتا ہے اپنی طرف سے بڑا اجر۔ O

۴۱۔    تو کیسا حال ہو گا جب کہ ہم لے آئے ہر امت سے گواہ اور بنا دیا تم کو ان سب پر گواہ۔ O

۴۲. اس دن پسند کریں گے جنھوں نے کفر کیا اور رسول کی نافرمانی کی کاش برابر کردی جائے ان پر زمین، اور نہ چھپا سکیں گے اللہ سے ایک بات۔ O

۴۳. اے وہ جو ایمان لا چکے پاس نہ پھٹکو نماز کے جب تم نشہ میں مست ہو یہاں تک کہ جان سکو جو منہ سے کہو اور نہ غسل واجب ہونے کی حالت میں، مگر مسافری کرتے ہوئے یہاں تک کہ نہا لو، اور گر تم ہو گئے بیمار، یا برسر سفر، یا تم میں سے کوئی آیا استنجے، یا عورتوں کا لمس کیا، پھر نہ پایا پانی تو تیمم کر لو پاک مٹی سے تو مسح کر لو اپنے چہروں کا، اور اپنے ہاتھوں کا بیشک اللہ معاف فرمانے والا ہے بخشنے والا ہے۔ O

۴۴. کیا تم نے ان کی طرف نظر نہ کی جن کو ایک حصہ کتاب کا دیا گیا خریدیں گمراہی کو اور چاہیں کہ تم بھی گم کر دو راہ کو۔ O

۴۵.	اور اللہ خوب جانتا ہے تمہارے دشمنوں کو۔ اور کافی ہے اللہ یاور اور کافی ہے اللہ مددگار۔ O

۴۶.	بعض یہودی الٹتے پلٹتے ہیں کلام کو اس کے مقام سے اور کہتے ہیں کہ سنا اور مانا نہیں اور تم سنو او ور تمہاری نہ سنی جائے اور راعنا اپنی زبانوں کو اینٹھ کر اور دین میں چوٹ کرنے کے لیے اور اگر انہوں نے کہا ہوتا کہ ہم نے سنا اور مانا اور ہماری سنیے اور ہم پر نظر کرم کیجئے تو بہتر ہوتا ان کے لیے اور بھی بہت۔ لیکن ملعون کر دیا ان کو اللہ نے ان کے کفر کی وجہ سے تو مانتے ہی نہیں مگر کچھ کچھ۔ O

۴۷.	اے وہ جن کو کتاب دی جا چکی! مان جاؤ ہم نے اتارا تصدیق کرنے والا اس کا جو تمہارے پاس ہے، اس سے پہلے کہ ہم بگاڑ دیں چہروں کو تو ان کو پلٹ دیں ان کی پشت پر یا ملعون کر دیں ان کو جس طرح ملعون کر دکھایا سب والوں کو، اور حکم خدا ہو کر رہتا ہے۔ O

۴۸. بیشک اللہ تعالیٰ نہ بخشے گا اس کے ساتھ کفر کیے جانے کو اور بخش دے گا اس سے کم کو جسے چاہے۔ اور جو شریک ٹھہرائے اللہ کا تو بیشک اس نے بڑے گناہ کی تہمت لی۔ O

۴۹. کیا تم نے نہ دیکھا ان کی طرف جو مقدس جتائیں اپنے کو بلکہ اللہ پاکیزہ بنا دیتا ہے جس کو چاہے اور وہ ظلم نہ کیے جائیں گے دھاگ بھر۔ O

۵۰. دیکھو کیسا طوفان برپا کرتے ہیں اللہ پر جھوٹ کا اور یہ کافی کھلا گناہ ہے۔ O

۵۱. کیا تم نے نہ دیکھا ان کی طرف جن کو کتاب سے ایک حصہ دیا گیا وہ مانتے ہیں بت اور شیطان کو، اور کہتے ہیں جنہوں نے کفر کیا وہ راہ راست پر ہیں، ان سے جو ایمان قبول کر چکے۔ O

۵۲۔    وہ ہیں جن کو ملعون بنا دیا اللہ نے اور جس کو ملعون کر دے اللہ، تو نہ پاؤ گے اس کے لیے کوئی مددگار۔ O

۵۳۔    کیا انہیں کوئی حصہ ملک میں ہے؟ پھر تو اب نہ دیں گے لوگوں کو کچھ بھی۔ O

۵۴۔    یا حسد کر رہے ہیں لوگوں کی جو دے رکھا ہے ان کو اللہ نے اپنے فضل سے۔ تو ہم نے تو ابراہیم کی نسل کو کتاب اور حکمت دی اور ان کو بڑا ملک دیا۔ O

۵۵۔    تو کوئی تو ان کو مان گیا اور کوئی با ز رہا۔ اور جہنم کافی ہے دہکتی آگ۔ O

۵۶۔    بیشک جنہوں نے انکار کر دیا ہماری آیتوں کا جلد پہنچا دیں گے ہم ان کو جہنم کہ جب پک گیا ان کا چمڑا، تو بدل دیا ہم نے دوسرا چمڑا تاکہ چکھیں عذاب کو۔ بیشک اللہ غالب حکمت والا ہے۔ O

۵۷۔ اور جو ایمان لائے اور نیک کام کیے انہیں بہت جلد داخل کریں گے ہم جنت میں کہ بہتی ہیں جن کے نیچے نہریں رہیں گے اس میں ہمیشہ ہمیش۔ ان کی اس میں پاکیزہ بیبیاں ہیں اور داخل کریں گے ہم ان کو سایہ گستر سایہ میں۔ O

۵۸۔ بیشک اللہ تمہیں حکم دیتا ہے کہ امانتیں امانت والوں کو دے دو۔ اور جب فیصلہ کیا لوگوں میں تو فیصلہ کرو انصاف سے بیشک اللہ کیا ہی خوب ہے۔ جس کی اللہ نصیحت فرماتا ہے تم کو بیشک اللہ سننے والا دیکھنے والا ہے۔ O

۵۹۔ اے جو ایمان لا چکے کہا تو مانو اللہ کا اور کہا مانو رسول کا، اور حکومت والوں کا تم میں سے۔۔ پھر اگر جھگڑے میں پڑ گئے تم کسی چیز میں تو سپرد کر دو اسے اللہ و رسول کے اگر تم مانتے ہو اللہ اور پچھلے دن کو۔ یہ نہایت خوب اور خوش انجام ہے۔ O

۶۰. کیا تم نے نہیں دیکھا کہ جو ڈینگ لیتے ہیں کہ وہ مان چکے جو تم
پر اتارا گیا اور جو تم سے پہلے اتارا گیا چاہتے ہیں کہ فیصلہ کرائیں شیطان
سے حالانکہ وہ حکم دیے گئے تھے کہ اس کو نہ مانیں اور شیطان چاہتا
ہے کہ ان کو بہکا دے دور۔ O

۶۱. اور جب ان کو کہا گیا کہ آؤ جسے اللہ نے اتارا اس کی اور رسول
کی طرف، تو تم نے دیکھا کہ منافق لوگوں کو کہ رخ پھیرتے ہیں تم سے
بے رخی سے۔ O

۶۲. تو کیسی پڑے جب ان پر کوئی مصیبت آ پڑے ان کے
ہاتھوں کے کرتوت سے پھر وہ حاضر ہوں تمہارے پاس اور قسمیں
کھائیں اللہ کی، ہمارا ارادہ صرف احسان کا اور اتحاد کا تھا۔ O

۶۳. ان سب کو اللہ جانتا ہے جو ان کے دلوں میں ہے۔ تو تم ان
سے آنکھ بچا لیا کرو اور انہیں سمجھاتے رہو اور بولو ان کے دلوں میں اتر
جانے والی بولی۔ O

۶۴.	اور ہم نے بھیجا کوئی رسول مگر تاکہ اس کے کہے پر چلا جائے
اللہ کے حکم سے اور اگر وہ جب ظلم کر بیٹھے اپنی جانوں پر چلے آئے
تمہارے پاس پھر بخشش مانگی اللہ کی، اور مغفرت چاہی ان کے لیے
رسول نے تو پالیا اللہ کو توبہ قبول فرمانے والا بخشنے والا۔ O

۶۵.	تو نہیں کیا تمہارے پروردگار کی قسم تو نہیں کیا تمہارے
پروردگار کی قسم وہ ایمان نہیں لائے یہاں تک کہ اپنا فیصلہ کنندہ مانیں
تم کو ہر معاملہ جس میں ان کے درمیان جھگڑا ہو پھر پائیں اپنے دلوں
میں کھٹک جو تم نے فیصلہ کردیا اور جی جان سے مان لیں۔ O

۶۶.	اور اگر ہم نے ان پر لکھ دیا ہوتا کہ اپنے کو قتل کرو، یا اپنے
گھروں سے نکل جاؤ، تو وہ نہ کرتے مگر تھوڑے ان میں سے، اور اگر
انہوں نے کرلیا جو ان کو نصیحت کی جاتی ہے، تو ان کے لیے بہتری
ہے اور ایمان کی بڑی مضبوطی۔ O

۶۷.	اور ایسا ہو تو سمجھ لیں کہ ہم نے دے ڈالا ان کو بڑا اجر O

۶۸۔    ،اور چلا دیا سیدھی راہ۔ O

۶۹۔    اور جو کہا مان لے اللہ کا اور رسول کا، تو وہ لوگ ان کے ساتھ ہیں انعام فرمایا اللہ نے جن پر، انبیاء اور صدیقوں اور شہیدوں اور نیکوں سے، اور وہ اچھے ساتھی ہیں۔ O

۷۰۔    یہ فضل الٰہی ہے اور اللہ کافی ہے علم والا ہے۔ O

۷۱۔    اے وہ جو ایمان لا چکے اپنا بچاؤ بنا لو پھر نکلو اکا دکا، یا نکلو اکٹھا۔ O

۷۲۔    اور بیشک تم میں وہ ہے جو ضرور دے لگا دیتا ہے پھر اگر تم کو مصیبت پہنچی تو بولنے لگا کہ انعام فرمایا اللہ نے مجھ پر کہ میں ان کے ساتھ حاضر نہ تھا۔ O

۷۳۔ اور اگر ملا تم کو فضل خداوندی، تو ضرور کہے گا اس طرح کہ تمہارے اور اس کے درمیان کوئی دوستی نہیں کہ کاش میں ان کے ساتھ ہوتا تو بڑی کامیابی پاتا۔ O

۷۴۔ تو لڑیں اللہ کی راہ میں جو بدل دین دنیاوی زندگی کو آخرت سے۔ اور اللہ کی راہ میں جو لڑے پھر مارڈالا جائے، یا جیت جائے تو ہم جلد دیں گے اس کو اجر عظیم۔ O

۷۵۔ اور تمہیں کیا کہ اللہ کی راہ میں نہ لڑو اور کمزوروں کے لیے مردوں اور عورتوں اور بچوں میں سے جو دعائیں کرتے ہیں کہ پروردگار ہمیں نکال لے چل اس آبادی سے، ظالم ہیں اس کے رہنے والے اور بنا دے اپنے کرم سے ہمارا کوئی یاور، اور بنا دے اپنی عطا سے ہمارا کوئی پروردگار۔ O

۷۶. جو ایمان قبول کر چکے وہ لڑتے ہیں راہ میں اللہ کی۔ اور جنہوں نے انکار کر دیا وہ لڑے ہیں شیطان کی راہ میں، تو لڑو شیطان والوں سے۔ بیشک شیطان کی چال کمزور ہے۔ O

۷۷. کیا ان کی طرف نہیں دیکھا جن سے کہا گیا کہ اپنے ہاتھ روکو اور نماز قائم کرو اور زکوٰۃ دو، پھر جب لازم کیا گیا ان پر قتال اس وقت ان کی ایک ٹولی ہے جو لوگوں سے ڈرتی ہے، جیسے اللہ سے ڈرے، بلکہ حد سے زیادہ ڈر۔ اور بولے پروردگار کیوں ضروری کر دیا تو نے ہم پر لڑنے مرنے کو، کیوں نہ مہلت دے دی تو نے ہم کو تھوڑی سی زندگی کی تم کہہ دو کہ دنیاداری چند روزہ ہے اور آخرت بہت بہتر ہے اس کے لیے جو ڈرا، اور نہ ظلم کیے جاؤ گے دھاگ بھر۔ O

۷۸. جہاں کہیں رہو گے لے لے گی تم کو موت گو تم مضبوط قلعوں میں رہو اور اگر پہنچی ان کو بھلائی کہہ دیں یہ اللہ کی طرف سے ہے، اور اگر پہنچی برائی تو کہیں کہ یہ آپ کی طرف سے ہے کہہ دو سب اللہ کی

طرف سے ہے، تو کیا ہوا ہے اس قوم کو بات سمجھیں اس کے قریب نہیں پھٹکتے۔ O

۷۹۔    جو تم کو پہنچی بھلائی تو اللہ کی طرف سے ہے اور جو پہنچی برائی، تو یہ تیری شامت ہے اور ہم نے بھیجا تم کو ہر انسان کے لیے رسول اور اللہ کافی ہے گواہ۔ O

۸۰۔    جس نے کہا کہ رسول کا، اس نے کہا مانا اللہ کا، اور جس نے بے رخی کی، تو ہم نے نہیں بھیجا ہے تم کو ان کی حفاظت کی ذمہ داری دے کر۔ O

۸۱۔    اور کہہ تو دیتے ہیں کہ سر تسلیم خم ہے پھر جب نکل گئے تمہارے پاس سے رات بھر کرتی رہی ان کی ایک ٹولی اپنے کہے کے خلاف اور اللہ لکھ رکھتا ہے جو رات بھر منصوبے گانٹھے ہیں، تو ان سے آنکھیں بچا لو، اور اللہ پر بھروسہ رکھو، اور اللہ کافی بھروسہ ہے۔ O

۸۲۔ کیا سوچ سے کام نہیں لیتے قرآن میں؟ اگر یہ ہوتا اللہ کے سوا کسی کی طرف سے۔ تو پاتے اس میں بہتیرے اختلاف۔ O

۸۳۔ اور جب آئی ان کے پاس کوئی بات امن یا ڈر کی تو چرچا مچا دیا اس کا اور اگر سپرد کر دیتے اسے رسول کے اور اپنے بڑوں کی طرف تو ساری بات جان جاتے جو ان میں چھانٹ لیتے ہیں حقیقت کو، اور اگر نہ ہوتا اللہ کا فضل تم پر اور اس کی رحمت تو ضرور پیچھے لگ جاتے تم شیطان کے مگر تھوڑے۔ O

۸۴۔ پس لڑو اللہ کی راہ میں۔ اور تم ذمہ دار نہیں کیے گئے مگر اپنے اور ابھارو اپنے ماننے والوں کو، قریب ہے کہ اللہ روک دے جنگ کافروں کی اور اللہ طاقت جنگ میں سب سے زیادہ زوردار اور سب سے بڑا سزا دینے والا ہے۔ O

۸۵۔ جو سفارش کرے اچھی، تو اس کا حصہ اس سے ہے، اور جو سفارش کرے بری، اس کے لیے اس میں سے حصہ ہے اور اللہ ہر چیز پر قوت رکھنے والا ہے۔ O

۸۶۔ اور جب سلام کیا جائے تم پر کسی لفظ سے، تو تم جواب دو اس سے بہتر، یا اسی کو دہرا دو، بیشک اللہ ہر چیز کا حساب لینے والا ہے۔ O

۸۷۔ اللہ کہ نہیں کوئی پوجنے کے قابل اس کے سوا، ضرور جمع کرے گا تم لوگوں کو قیامت کے دن جس میں ذرا شک نہیں۔ اور کون زیادہ سچا بات کا ہوگا اللہ سے۔ O

۸۸۔ تو تمہیں کیا ہوا منافقوں کے بارے میں دو پارٹی، حالانکہ اللہ نے اوندھا کر دیا ان کو ان کے کرتوتوں کے سبب، کیا تم چاہتے ہو کہ راہ پر لے آؤ جس کو بے راہ بتایا اللہ نے اور جس کو اللہ نے بے راہ بتایا تو تم اس کے لیے راہ نہ پاؤ گے۔ O

۸۹.   ان کی آرزو ہے کہ کاش تم بھی کافر ہو جاؤ، جس طرح انہوں نے کفر کیا تو تم لوگ برابر ہو جاؤ تو نہ بناؤ ان میں سے دوست یہاں تک کہ ہجرت کریں اللہ کی راہ میں۔ پھر اگر روگردانی کی تو گرفتار کرلو ان کو مار ڈالو، ان کو جہاں پا لیا انہیں اور نہ بناؤ ان میں سے یار اور نہ مددگار۔ O

۹۰.   مگر جو لگے ہیں ایسی قوم کے تمہارے اور ان کے درمیان کوئی معاہدہ ہے یا آئے تمہارے پاس کہ سینہ تنگ ہو چکا کہ تم سے لڑیں یا اپنی قوم سے لڑیں اور اگر اللہ چاہتا ضرور چڑھا دیتا ان کو تم پر پھر وہ ضرور لڑ جاتے تم سے تو اگر وہ تم سے کنارے ہو گئے چنانچہ تم سے نہ لڑے اور صلح کی بات ڈالی، تو انہیں دی اللہ نے تمہیں ان پر راہ۔ O

۹۱.   اب پاؤ گے کچھ دوسروں کو چاہتے ہیں کہ امن میں رہیں تم سے اور امن میں اپنی قوم سے، جب وہ پھیرے گئے فتنہ کی طرف تو

اوندھے منہ گرے اس میں، تواگروہ باز نہ رہے تم سے صلح کی بات نہ ڈالی، اور نہ اپنا ہاتھ روکا تو پکڑو ان کو اور مار ڈالو جہاں پا گئے ان کو۔ یہ لوگ ہیں کہ ہم نے تمہیں جن پھر کھلا ہوا قابو دے دیا۔ O

۹۲. اور نہیں کسی مومن کے لیے مار ڈالے کسی مومن کو، مگر غلطی سے۔ اور جس نے مار ڈالا مومن کو غلطی سے تو اب ایک مسلمان غلام کا آزاد کرنا ہے اور خوں بہا ہے جو حوالہ کیا جائے گا مقتول کے لوگوں کو، مگر یہ کہ وہ بخش دیں پھر اگر مقتول اس قوم سے ہے جو تمہاری دشمن ہے اور خود وہ مومن ہے تو آزاد کرنا ہے ایک مسلمان غلام کو۔ اور اگر وہ ایسی قوم سے ہے کہ تم میں اور اس میں کوئی معاہدہ ہے تو خوں بہا ہے جو مقتول والوں کے سپرد کی جائے اور ایک مسلمان غلام کا آزاد کرنا ہے تو جس نے نہ پایا تو دو مہینے کا لگاتار روزہ رکھنا ہے یہ طریقہ توبہ اللہ کی طرف سے ہے اور اللہ علم والا حکمت والا ہے۔ O

۹۳۔ اور جس نے قتل کیا کسی مومن کو دیدہ دانستہ تو اس کا بدلہ جہنم ہے اس میں پڑا رہے لمبی مدت تک اور اس پر اللہ کا غضب ہوا اور اللہ نے لعنت فرمائی اس پر اور مہیا کر رکھا ہے اس کے لیے عذاب۔ O

۹۴۔ اے وہ جو ایمان لا چکے جب تم مار کاٹ کو نکلے اللہ کی راہ میں، تو تحقیق کا سلسلہ جاری رکھو اور مت کہہ دیا کرو اس کو جس نے تمہیں سلام کیا کہ تو مومن نہیں ہے۔ تم چاہتے ہو دنیاوی زندگی کی پونجی، تو اللہ کے پاس بہت سی غنیمتیں ہیں ایسے ہی تو تم خود ہی پہلے تھے پھر احسان فرمایا اللہ نے تم پر، تو تحقیق ضرور کرتے رہو بیشک اللہ جو تم کرو خبردار ہے۔ O

۹۵۔ اور برابر نہیں ہیں وہ مسلمان جو گھر بیٹھے رہے بلا عذر اور وہ جو جہاد کرتے رہے اللہ کی راہ میں اپنے جان و مال سے، فضیلت بخشی دی اللہ نے جان و مال سے جہاد کرنے والوں نہ جا سکنے والوں پر بڑے

درجہ کی۔ اور سب کے لیے وعدہ فرمایا لیا اللہ نے حسن انجام کا، اور بڑائی دی اللہ نے مجاہدین کو نہ جاسکنے والوں پر بڑے اجر کی۔ O

۹۶. اللہ کی طرف سے متعدد درجے اور بخشش اور رحمت۔ اور اللہ بخشنے والا رحمت والا ہے۔ O

۹۷. بیشک جن کی زندگی پوری کر دی فرشتوں نے جبکہ وہ اپنے نفس پر ظالم تھے بولے کہ تم کس حال میں تھے، جواب دیا کہ ہم زمین میں کمزور تھے وہ بولے کہ کیا اللہ کی زمین وسیع نہ تھی؟ کہ اس میں تم ہجرت کر جاتے تو وہی ہیں جن کا ٹھکانہ جہنم ہے اور بری پلٹنے کی جگہ ہے۔ O

۹۸. مگر جو دبے لچے مرد عورت اور بچے ہیں کہ نہ بہانہ کر سکیں، اور نہ کوئی راہ پائیں۔ O

۹۹. تو وہ ہیں کہ عنقریب معاف کر دے اللہ ان سے ۔ ۔ اور اللہ
معاف کرنے والا بخشنے والا ہے ۔ O

۱۰۰. اور جو ہجرت کر جائے اللہ کی راہ میں پا لے زمین میں بڑی جگہ
اور گنجائش ۔ اور جو نکلے اپنے گھر سے ہجرت کرتا ہو اللہ اور اس کے
رسول کی طرف پھر پالے اس کو موت ، تو اس کا اجر ہو گیا اللہ کے کرم
پر ، اور اللہ بخشنے والا رحمت والا ہے ۔ O

۱۰۱. اور جب تم چل پڑے زمین میں تو اس میں تمہاری کوئی غلطی
نہیں کہ قصر کرو نماز میں اگر تم کو خوف ہو کہ شرارت کریں گے تم سے
جو کافر ہو گئے بلاشبہ کافر لوگ تمہارے کھلے دشمن ہیں ۔ O

۱۰۲. اور جب تم اپنوں میں ہو ، پھر کھڑی کر دی جائے نماز تو ایک
جماعت ان کی کھڑی ہو تمہارے ساتھ اور لیے رہے اپنے ہتھیار ، تو
جب سجدہ کر چکے تو تمہارے عقب میں ہو جائیں اور دوسری جماعت
آئے جس نے نماز کی نیت نہیں کی تو نماز ادا کریں تمہارے ساتھ اور

لیے رہیں اپنے بچاؤ اورا پنے ہتھیاروں کو۔ آرزومند ہیں جنہوں نے کفر کیا کہ اگر غفلت برتو اپنے ہتھیاروں اور سامان سے تو دھاوا بول دیں تم پر یکبارگی اور تم پر کوئی گناہ نہیں کہ اگر تم کو تکلیف ہو بارش سے یا بیمار ہو گئے کہ رکھ دو اپنے ہتھیار اور بنائے رکھو اپنا بچاؤ۔ بیشک اللہ نے تیار کر رکھا ہے کافروں کے لیے عذاب رسوائی والا۔ O

۱۰۳۔ پھر جب نماز تم پوری کر چکے تو ذکر کرو اللہ کا کھڑے اور بیٹھے اور کروٹ لیتے، پھر جب مطمئن ہو جاؤ تو نماز قائم کرو بیشک نماز ایمان والوں پر فرض ہے وقت کی پابندی سے۔ O

۱۰۴۔ اور مخالف قوم کی تلاش میں سستی نہ کرو، اگر تم کو دکھ ہوتا تو وہ بھی دکھ پاتے جیسے تم کو دکھ ہوتا ہے، اور تم امید رکھتے ہو اللہ سے جو نہیں امید رکھتے وہ اللہ علم والا حکمت والا ہے۔ O

۱۰۵.   بیشک ہم نے اتاری تم پر ٹھیک کتاب تاکہ فیصلہ کرو تم لوگوں کا جیسا اللہ تمہیں دکھائے اور فریبیوں کے لیے طرف دار نہ بنو،۔ O

۱۰۶.   اور اللہ سے استغفار کرو بیشک اللہ بخشنے والا رحمت والا ہے۔ O

۱۰۷.   اور ان کی جنبہ داری میں نہ جھگڑو جو اپنے کو فریب میں رکھتے ہیں بیشک اللہ نہیں پسند کرتا ہے جو بڑا فریبی گناہ گار ہو۔ O

۱۰۸.   لوگوں سے تو منہ چھپاتے ہیں اور اللہ سے نہیں چھپتے حالانکہ وہ ان کے پاس ہے جب رات بسر کر رہے ہیں ان باتوں میں جو ناپسندیدہ ہیں اور اللہ جو وہ کرتے ہیں سب پھر گھیرا ڈالے ہے۔ O

۱۰۹. سنو تم لوگ جھگڑتے رہے ان سے دنیاوی زندگی میں۔۔

تو۔۔ کون جھگڑے اللہ سے ان کے بارے میں قیامت کے دن یا

کون ان کا وکیل ہوگا۔ O

۱۱۰. اور جو گناہ کر گزرے یا اپنی جان پر ظلم کر بیٹھے پھر اللہ کی بخشش

چاہے تو پا لیتا ہے اللہ کو بخشنے والا رحمت والا۔ O

۱۱۱. اور جو کمائے گناہ، تو اپنے ہی اوپر اس کی کمائی ہے اور اللہ

علم والا حکمت والا ہے۔ O

۱۱۲. اور جو کماتا ہے کوئی خطا یا گناہ اور پھر رکھ پھینکتا ہے کسی بے

گناہ پر تو بیشک اس نے اٹھا لیا بہتان اور کھلا گناہ۔ O

۱۱۳. اور اگر نہ فضل ہوتا اللہ کا تم پر اور اس کی رحمت، تو ان میں

سے ایک جمعیت نے قصد کیا تھا کہ تم کو فریب دیں اور وہ اپنے ہی

دھوکہ دیتے ہیں اور نہیں بگاڑ سکتے تمہارا کچھ اور اتارا اللہ نے تم پر

کتاب و حکمت کو اور سکھا دیا سب کچھ جو نہیں جانتے تھے اور اللہ کا فضل بہت بڑا ہے تم پر۔ O

۱۱۴۔   کوئی فائدہ نہیں ان کی کئی سرگوشیوں میں مگر جس نے حکم دیا صدقہ کا یا کسی نیکی کا، یا لوگوں میں صلح کرانے کا اور جو ایسا کرے اللہ کی رضا مندی کی طلب میں، تو جلد ہم دیں گے اس کو بڑا اجر۔ O

۱۱۵۔   اور جو مخالفت کرے رسول کی اس کے بعد کہ اس پر ٹھیک راہ روشن ہو چکی اور چل پڑے رواج دستور اہل ایمان کے خلاف تو ہم رہنے دیں گے جیسے رہے اور ڈال دیں گے اس کو جہنم میں اور وہ پلٹاؤ کی بری جگہ ہے۔ O

۱۱۶۔   بیشک اللہ نہیں بخشتا کہ اس کے ساتھ کفر کیا جائے اور بخش دے اس سے نیچے جرم کو جسے چاہے، اور جو اللہ کا شریک ٹھہرائے وہ دور کی گمراہی میں پڑا۔ O

۱۱۷۔  نہیں پوجتے اللہ کو چھوڑ کر مگر زنانہ نام والوں کو، اور نہیں پوجتے مگر سرکش شیطان کو، O

۱۱۸۔  اللہ کی مار ہو اس پر اور وہ بول چکا ہے کہ میں ضرور لے کے رہوں گا تیرے بندوں سے اپنا مقررہ حصہ۔ O

۱۱۹۔  اور انہیں ضرور گمراہ کروں گا اور راہ ہوس پر انہیں لگاؤں گا اور ضرور انہیں حکم دوں گا تو وہ چیریں گے چوپایوں کے کان، اور میں انہیں حکم دوں گا تو وہ بدل دیں گے اللہ کی بنائی ہوئی صورت۔ اور جو بنا لے شیطان کو یار، اللہ کو چھوڑ کر تو بیشک وہ پڑ گیا کھلے گھاٹے میں۔ O

۱۲۰۔  انہیں وعدے دے اور امیدیں دلائے حالانکہ شیطان نہیں وعدے دینا مگر دھوکے کا۔ O

۱۲۱۔ وہ ہیں جن کا ٹھکانہ جہنم ہے اور نہ پائیں گے اس سے رہائی۔ O

۱۲۲۔ اور جو ایمان لا چکے اور کیے اچھے کام جلد ہم داخل کریں گے انہیں جنتوں میں کہ بہتی ہیں جن کے نیچے نہریں اس میں رہیں گے ہمیشہ ہمیش۔ اللہ کا وعدہ بالکل ٹھیک اور کون بولی کا اللہ سے زیادہ سچا ہے۔ O

۱۲۳۔ نہ تمہارے خیالات اور نہ اہل کتاب کے اوہام جو برائی کرے اس کا بدلہ لیا جائے گا، اور وہ نہ پائے اپنے لیے مفید جن کو اللہ کو چھوڑ کر یار و مددگار قرار دے رکھا ہے۔ O

۱۲۴۔ اور جو نیکیوں کا کام کرے مرد ہو یا عورت درآنحالیکہ وہ صاحب ایمان ہے، تو وہ داخل ہوں گے جنت میں اور نہ ظلم کیے جائیں گے کچھ بھی۔ O

۱۲۵.     اور اس سے اچھا کس کا دین ہے، جس نے جھکا دیا اپنے کو

اللہ کے لیے اور وہ مخلص ہے اور چل پڑا ملت ابراہیم پر الگ تھلگ

باطلوں سے اور بنا لیا اللہ نے ابراہیم کو خاص دوست۔ O

۱۲۶.     اور اللہ ہی کا ہے جو کچھ آسمانوں میں ہے اور اللہ ہر ایک کو

گھیرے میں لیے ہے۔ O

۱۲۷.     اور دریافت کرتے ہیں تم سے عورتوں کے بارے میں کہہ

دو کہ اللہ خود بتاتا ہے تم کو ان کے بارے میں اور جو تلاوت کیا جاتا

ہے تم پر قرآن میں یتیم لڑکیوں کے بارے میں، جن کو نہیں دیتے تم

جو مقرر کیا گیا ہے ان کا حق اور بے رغبتی کرتے ہو کہ ان سے نکاح کر

لو اور کمزور بچوں کے بارے میں یہ قائم رہو یتیموں کے لیے انصاف

پر، اور جو کرتے رہو بھلائی تو بیشک اللہ اس کا علم رکھتا ہے۔ O

۱۲۸.     اور اگر کوئی عورت ڈری اپنے شوہر سے زیادتی کرنے کو یا

بے توجہی کرنے کو تو ان پر کوئی الزام نہیں کہ باہمی صلح کر لیں اور صلح

بڑی اچھی چیز ہے اور پھنسا دی گئی ہیں نفس کی خواہشیں لالچ سے۔ اور اگر احسان کرو اور خوف خدا سے کام لو تو بیشک اللہ جو کرو اس سے باخبر ہے۔ O

۱۲۹۔ اور نا ممکن ہے کہ پورا انصاف کر لو چند بیبیوں میں گو تم خود اس کے حریص ہو تو جھک بھی نہ جاؤ، بالکل ایک طرف پھر چھوڑ دو دوسری کو جیسے ٹنگی ہوئی ہو اور اگر تم صلح و تقویٰ سے کام لو تو بیشک اللہ غفور رحیم ہے۔ O

۱۳۰۔ اور اگر دونوں جدائی اختیار کر لیں تو غنی فرما دے گا اللہ ہر ایک کو اپنی کشائش سے، اور اللہ کشائش فرمانے والا حکمت والا ہے۔ O

۱۳۱۔ اور اللہ ہی کا ہے جو کچھ آسمانوں میں اور جو کچھ زمین میں ہے اور بیشک ہم نے کہہ دیا تھا ان کو جن کو کتاب تم سے پہلے دی گئی اور

تمہیں بھی کہ ڈرو اللہ کو اور اگر نہ مانو تو بیشک اللہ ہی کا ہے جو کچھ

آسمانوں اور جو کچھ زمین میں ہے اور اللہ بے نیاز خوبیوں والا ہے۔ O

۱۳۲۔ اور اللہ ہی کا ہے جو کچھ آسمانوں میں اور جو کچھ زمین میں ہے

اور اللہ کافی ہے کارساز۔ O

۱۳۳۔ اگر چاہے تو لے جائے تم کو اے لوگو! اور لے آوے

دوسروں کو، اور اللہ اس پر قادر ہے۔ O

۱۳۴۔ جو چاہتا ہے دنیا کا فائدہ تو اللہ کے پاس دنیا و آخرت کا ثواب

ہے۔ اور اللہ سننے والا دیکھنے والا ہے۔ O

۱۳۵۔ اے وہ جو ایمان لا چکے، قائم ہو جاؤ انصاف پر گواہی دینے

والے اللہ واسطے گو خود اپنے پر یا ماں باپ اور قرابت داروں پر

پڑے، اگر وہ دولت مند یا محتاج ہوں تو اللہ ان دونوں سے قریب

ہے۔ تو ہوس کے پیچھے مت چلو کہ انصاف سے کنارے ہو جاؤ، اور

اگر صاف نہ بولو یا انکار ہی کر دو تو بیشک اللہ جو کرو اس سے باخبر ہے۔ O

۱۳۶۔ اے ایمان دار بننے والو! مان ہی جاؤ اللہ کو اور اس کے رسول کو اور اس کتاب کو جس کو اتارا اپنے رسول پر اور اس کتاب کو جسے اتارا پہلے سے اور جو انکار کر دے اور اس کے فرشتوں اور کتابوں اور رسولوں اور پچھلے دن کا تو بیشک وہ بہک گیا بہت دور۔ O

۱۳۷۔ بیشک جو ایمان لائے، پھر انکار کر دیا، پھر مان گئے اور پھر انکار کر دیا پھر انکار میں بڑھ گئے اور اللہ بخشے انہیں اور نہ راہ پر لاوے انہیں۔ O

۱۳۸۔ خوش خبری دیجئے منافقوں کو درد ناک عذاب کی۔ O

۱۳۹.    جو بنائیں کافروں خود دوست ایمان والوں کو چھوڑ کر، کیا چاہتے ہیں کہ ان کے پاس عزت؟ تو بیشک عزت اللہ کے لیے ہے ساری۔ O

۱۴۰.    اور بیشک اتارا تم پر کتاب میں، کہ جب سنا اللہ کی آیتوں کو کہ اس کا انکار کیا جاتا ہے۔ اور مذاق کیا جاتا ہے اس سے تو مت بیٹھو ان لوگوں کے ساتھ یہاں تک کہ لگ جائیں دوسری بات میں، ورنہ تم بھی انہیں کی طرح ہو بیشک اللہ ایک جگہ لائے گا سارے منافقوں اور کافروں کو جہنم میں۔ O

۱۴۱.    جو تاکا کرتے ہیں تم کو، تو اگر تمہاری فتح ہوئی اللہ کی طرف سے بولے کہ کیا ہم تمہارے ساتھ نہ تھے اور اگر کافروں کا حصہ ہوا تو بولے وہاں کہ کیا ہم زور نہ رکھتے تھے تم پر اور کیا ہم نے بچایا نہیں تم کو مسلمانوں سے۔ تو اللہ فیصلہ فرما دے گا تم سب کا قیامت کے دن۔ اور نہ دے گا اللہ کافروں کو مسلمانوں پر کوئی راہ۔ O

۱۴۲۔ بیشک منافق دھوکہ دینا چاہتے ہیں اللہ کو اور وہ دھوکہ کا بدلہ دینے والا ہے۔ اور جب نماز کو کھڑے ہوئے تو کھڑے ہوئے تھکے ہارے دکھلاتے ہیں لوگوں کو اور انہیں ذکر کرتے اللہ کا مگر تھوڑا۔ O

۱۴۳۔ ڈگ مگ ڈگ مگ بیچ میں، نہ اِدھر نہ اُدھر، اور جس کی گمراہی اللہ دکھا دے تو اس کے لیے کوئی راہ نہ پاؤ گے۔ O

۱۴۴۔ اے وہ جو ایمان لے آئے نہ بناؤ کافروں کو دوست مسلمانوں کو چھوڑ کر کیا چاہتے ہو کہ بنا لو اللہ کی اپنے اوپر کھلی حجت۔؟ O

۱۴۵۔ بیشک منافق لوگ سب سے نیچے طبقہ میں ہیں جہنم کے۔ اور نہ پاؤ گے کوئی ان کا مددگار۔ O

۱۴۶. مگر جنہوں نے توبہ کرلی اور درست ہو گئے اور مضبوطی سے پکڑلیا اللہ کو اور کھرا کرلیا اپنے دین کو اللہ کے لیے تو وہ مسلمانوں کے ساتھ ہیں اور جلد دے گا اللہ مسلمانوں کو بڑا اجر۔ O

۱۴۷. کیا کرے گا اللہ تم پر عذاب کر کے؟ اگر تم شکر گزار ہو جاؤ اور ایمان لے آؤ، اور اللہ شکر کا قبول کرنے والا علم والا ہے۔ O

۱۴۸. اللہ پسند نہیں فرماتا علانیہ بدگفتاری کو مگر جو مظلوم ہو اور اللہ سننے والا علم والا ہے۔ O

۱۴۹. اگر تم دکھا کر نیکی کرو یا چھپا کر، یا معاف کر دو کسی کی بدزبانی تو بیشک اللہ معاف فرمانے والا قدرت والا ہے۔ O

۱۵۰. بیشک جو انکار کریں اللہ اور اس کے رسولوں کا اور چاہیں کہ ماننے میں امتیاز رکھیں، اللہ اور اس کے رسولوں میں اور کہیں کہ ہم

بعض کو مانیں گے اور بعض کا انکار کریں گے اور چاہیں کہ بنا لیں

درمیانی راستہ۔ O

۱۵۱. وہی یقیناً کافر ہیں اور ہم نے تیار کر رکھا ہے کافروں کے

لیے ذلت والا عذاب۔ O

۱۵۲. اور جو مان گئے اللہ اور اس کے رسولوں کو اور ماننے میں ان

میں کوئی امتیاز نہ رکھا وہی لوگ ہیں کہ جلد دے گا ان کو ان کا اجر، اور اللہ

غفور رحیم ہے۔ O

۱۵۳. تم سے فرمائش کرتے ہیں اہل کتاب کہ اتار لاؤ لکھی لکھائی

کتاب آسمان سے تو ان لوگوں نے فرمائش کی تھی موسیٰ سے اس سے

بڑھ کر چنانچہ کہا تھا کہ دکھا دو ہم کو اللہ کھلم کھلا، تو پکڑ لیا ان کو کڑک نے

ان کے ظلم کی وجہ سے۔ پھر انہوں نے بنا لیا بچھڑا باوجودیکہ آ چکی تھی

ان کے پاس روشن آیتیں تو ہم نے اس کو معاف فرما دی اور دے

دیا موسوی کو کھلا ہوا غلبہ۔ O

۱۵۴۔ اور اٹھوا دیا ان کے سروں پر کوہ طور ان سے عہد لینے کے لیے، اور ہم نے انہیں حکم دیا کہ دروازہ میں داخل ہو سجدہ کرتے ہوے اور انہیں حکم دیا ہفتے کے بارے میں قانون نہ توڑو اور لے لیا ہم نے ان سے گاڑھا عہد۔ O

۱۵۵۔ پھر اپنے عہد کو توڑ دینے کی وجہ سے اور اللہ کی آیتوں سے انکار کر دینے اور انبیاء کو ناحق مار ڈالنے اور اس بکنے کی وجہ سے کہ ہمارے دل غلاف میں ہیں بلکہ چھاپ لگا دی اللہ نے ان کے دلوں پر ان کے کفر کی وجہ سے تو یہ نہیں مانیں گے مگر تھوڑے۔ O

۱۵۶۔ اور ان کے کفر کی وجہ سے اور ان کی بکواس سے مریم پر بڑے بہتان کی۔ O

۱۵۷۔ اور ان کے اس ڈینگ کی وجہ سے کہ ہم نے قتل کر ڈالا مسیح عیسیٰ ابن مریم اللہ کے رسول کو۔ حالانکہ نہ قتل کیا نہ انہیں سولی دی، لیکن ایک ملتا جلتا بنا دیا گیا ان کے لیے اور بیشک جنھوں نے ان کے

بارے میں اختلاف کیا، تو وہ شک ہی شک میں ہیں انہیں اس کا کچھ علم نہیں سوا گمان سے کام لینے کے۔ حالانکہ نہیں قتل کیا عیسیٰ کو یقیناً۔ O

۱۵۸۔ بلکہ اٹھا لیا ان کو اللہ نے اپنی طرف، اور اللہ غلبہ والا حکمت والا ہے۔ O

۱۵۹۔ اور کوئی کتابی نہیں مگر ایمان لائے گا ان پر مرنے سے پہلے، اور قیامت کے دن وہ ان پر گواہ ہوں گے۔ O

۱۶۰۔ تو ان یہودیوں کے ظلم کی وجہ سے حرام فرما دیا ہم نے پاکیزہ چیزیں جو حلال تھیں ان کو، اور ان کے روک دینے کی وجہ سے اللہ کی راہ سے بہتوں کو۔ O

۱۶۱۔ اور ان کے سود لینے کی وجہ سے جس سے وہ منع کر دیے گئے تھے اور ان کے کھانے کی وجہ سے لوگوں کا مال ناحق۔ اور ہم نے

تیار کر چھوڑا ہے ان میں سے کفر کرنے والوں کے لیے دکھ دینے والا عذاب۔ O

۱۶۲۔ لیکن جو ان میں ٹھوس ہیں علم میں، اور ایمان دار ہیں وہ مانتے ہیں جو اتارا گیا، تم پر اور جو نازل کیا گیا تمہارے پہلے اور نماز کو قائم رکھنے والے اور زکوٰۃ دینے والے، اور ماننے والے اللہ کو، اور پچھلے دن کو، وہ ہیں کہ بہت جلد دیں گے ہم ان کو بڑا اجر۔ O

۱۶۳۔ بیشک ہم نے وحی فرمائی تمہاری طرف جس طرح وحی فرمائی تھی نوح اور ان کے بعد انبیاء کی طرف اور وحی کی تھی ہم نے ابراہیم و اسماعیل و اسحٰق و یعقوب و عیسیٰ و ایوب و یونس و ہارون و سلیمان کی طرف اور دیا ہم نے داؤد کو زبور۔ O

۱۶۴۔ اور چند رسولوں کو جنہیں ہم بتا چکے ہیں پہلے ہی اور چند رسولوں کو کہ ابھی نہیں بیان فرمایا تم سے اور اپنا کلیم خاص بنایا اللہ نے موسیٰ کو۔ O

١٦٥.    رسول بشارت دینے والے اور ڈرانے والے، تاکہ لوگوں کو اللہ سے بولنے کی جگہ نہ رہ جائے ان رسولوں کے آنے کے بعد۔

اور اللہ غلبہ والا حکمت والا ہے۔ O

١٦٦.    لیکن اللہ گواہ ہے جو تم پر اتارا اس کو اپنے علم سے اتارا، اور فرشتے گواہ ہیں۔ اور اللہ کافی گواہ ہے۔ O

١٦٧.    بیشک جنہوں نے کفر کیا اور اللہ کے راستے سے روکا، تو وہ بہت دور بہک گئے۔ O

١٦٨.    بیشک جنہوں نے کفر کیا اور ظلم کیا اللہ ان کو نہ بخشے گا، اور نہ راہ دے گا۔ O

١٦٩.    سو راہ جہنم کے ہمیشہ ہمیش اس میں رہیں گے اور یہ اللہ کے لیے آسان ہے۔ O

۱۷۰۔ اے لوگو! بیشک آ گیا تم میں رسول تمہارے رب کی طرف سے حق لے کر تو مان جاؤ یہی تمہارے لیے بہتر ہے اور اگر انکار کرو گے تو بیشک اللہ ہی کا ہے جو کچھ آسمانوں اور زمین میں ہے اور اللہ علم والا حکمت والا ہے۔ O

۱۷۱۔ اے اہل کتاب حد سے نہ گھٹو بڑھو اپنے دین میں، اور مت بولو اللہ پر مگر ٹھیک۔ بات بس اتنی ہے کہ مسیح عیسیٰ بن مریم اللہ کے رسول اور اس کے کلمہ ہیں جن کو مریم کی طرف بھیجا اور اس کی طرف سے روح ہیں تو مان جاؤ اللہ کو اور اس کے رسولوں کو اور مت کہا کرو تین، باز آ جاؤ یہی تمہارے لیے بہتر ہے۔ اللہ ہی بس ایک معبود ہے پاک ہے کہ اس کے کوئی اولاد ہو۔۔ اسی کا ہے کہ جو کچھ آسمانوں اور جو کچھ زمین میں ہے اور اللہ کافی ہے کارساز ہے۔ O

۱۷۲۔ ہرگز برا نہ مانیں گے مسیح اس کو کہ بندہ ہیں اللہ کے اور نہ
برگزیدہ فرشتے۔ اور جو برا مانیں اس کے بندہ ہونے سے اور غرور
کریں تو بہت جلد وہ ہانک کر لائے گا ان سب کو اپنی طرف۔ O

۱۷۳۔ تو جو ایمان لا چکے اور نیک کام کر لیے تو پورا پورا دے گا
انہیں ان کا اجر اور زیادہ بھی دے گا اپنے فضل سے اور لیکن جنھوں
نے برا مانا اور غرور کیا تو ان کو عذاب دے گا دکھ دینے والا عذاب۔
اور نہ پائیں گے اپنے کام کا جنہیں بنا رکھا ہے اللہ کو چھوڑ کر یار و
مددگار۔ O

۱۷۴۔ اے انسان بیشک آ گئی تمہارے پاس دلیل تمہارے
پروردگار کی طرف سے۔ اور اتار دیا ہم نے تمہاری طرف روشن
نور۔ O

۱۷۵۔ تو جنھوں نے مان لیا کہ اللہ کو اور تھام لیا اس کو تو بہت جلد
داخل فرمائے گا انہیں اپنی رحمت و فضل میں اور ہدایت فرمائے گا
سیدھی راہ کی طرف۔ O

۱۷۶۔ تم سے دریافت کرتے ہیں کہہ دو کہ اللہ بتائے دیتا ہے یتیم و
یسیر لاولد کے بارے میں کہ اگر کوئی مر گیا لاولد اور اس کی ایک بہن
ہے تو بہن کا نصف حصہ ترکہ میں ہے اور وہ وارث ہوگا بہن کا اگر بہن
بھی لاولد ہو۔ پھر اگر بہن دو ہوں تو دونوں کا حق دو تہائی ہے ترکہ سے
اور اگر کئی بھائی بہن مرد و عورت سب ہوں تو مرد کے لیے دو عورت
کے برابر حصہ ہے صاف صاف بتا دئے دیتا ہے اللہ تمہیں کہ کہیں
گمراہ نہ ہو جاؤ اور اللہ ہر علم کا جاننے والا ہے۔ O

# ۵۔ سورة المائدة

نام سے اللہ کے بڑا مہربان بخشنے والا O

۱۔ اے وہ جو ایمان لا چکے! اپنے عہد پورے کرو، حلال کر دیے گئے تمہارے لیے چوپائے مگر جو تم کو آئندہ بتایا جائے گا حلال نہ جانتے ہوئے خشکی کے شکار کو، جب کہ تم احرام میں ہو۔ بیشک اللہ جو چاہتا ہے حکم دیتا ہے۔ O

۲۔ اے وہ جو ایمان لا چکے نہ بے حرمتی کرو شعائر اللہ کی اور نہ محترم مہینوں کی، اور نہ قربانی کی اور نہ قلادہ والے قربانی کے جانوروں کی، اور نہ عازمین بیت اللہ کی جو چاہتے ہیں کہ اپنے پروردگار کا فضل و

خوشی، اور جب احرام کھول دیا تو شکار کھیلنا ہو تو کھیلو، اور نہ ابھارے تم کو کسی قوم کی عداوت کی روک دیا تھا کہ تم کو مسجد حرام سے اس پر کہ تم زیادتی کرو۔ باہم مدد کرتے رہو نیکی اور تقویٰ پر اور نہ مدد کرو گناہ اور زیادتی پر، اور اللہ کو ڈرو بیشک اللہ عذاب کرنے میں سخت ہے۔ O

۳. حرام کر دیا گیا تم پر مردار اور خون اور سور کا گوشت اور جس پر ذبح کے وقت نامزد کیا گیا غیر خدا، اور جھٹکا اور چوٹ کھایا، اور گر پڑا اور سینگ مارا، اور جس کسی کو درندہ نے کھا لیا ہو، مگر ان میں سے جس کو تم نے مرنے سے ذبح کر لیا ہو اور جو ذبح کیا گیا بتوں کے اڈوں پر اور پانسوں کے ذریعہ بانٹنا، یہ گناہ ہے آج ناامید ہو گئے جنہوں نے انکار کر دیا تمہارے دین کا، تو ان کو مت ڈرو، مجھے ڈرو، آج میں نے کامل کر دیا تمہارے لیے تمہارے دین کو اور تمام کر دی تم پر اپنی نعمت اور پسند فرما لیا تمہارے لیے دین اسلام، تو جو بے قابو ہو گیا بھوک

پیاس میں حرام کھانے پر بغیر میلان گناہ کے، تو بیشک اللہ غفور رحیم ہے۔ O

۴. تم سے پوچھتے ہیں کہ ان کے لیے کیا حلال ہے کہہ دو کہ حلال ہے تمہارے لیے سب پاکیزہ چیزیں۔ اور جو سدھا رکھا ہے تم نے اپنے شکاری شکار پر دوڑانے کو تو انہیں سکھاتے ہو جو اللہ نے تمہیں علم دیا تو کھالو جس شکار کو وہ تمہارے لیے پکڑیں۔ اور اس پر اللہ کا نام بھی لو اور اللہ سے ڈرتے رہو بیشک اللہ جلد حساب لینے والا ہے۔ O

۵. آج حلال کر دی گئیں تمہیں پاکیزہ چیزیں۔ اور اہل کتاب کا ذبیحہ تمہیں حلال، تمہارا ذبیحہ ان کو حلال، اور مسلمان پارسا عورتیں اور نیک چلن کتابیہ عورتیں جب کہ تم نے دے ڈالا ان کو ان کا مہر ایک دوسرے کے پابند ہو کر نہ شہوت نکالنے اور آشنائی کرنے کے

لیے اور جو ایمان لا کر کفر کرے تو بیشک ملیا میٹ ہو گیا اس کا عمل اور
وہ آخرت میں بڑے گھاٹے والوں سے ہے۔ O

٦. اے وہ جو ایمان لا چکے، جب کھڑے ہونے لگے نماز کو تو
دھو ڈالو اپنے چہرے، اور کہنیوں تک اپنے ہاتھ اور مسح کر لو اپنے
سر کا اور پاؤں کا گٹوں تک۔ اور اگر بے غسل ہو تو غسل کر لو اور اگر
بیمار ہو یا بر سر سفر ہو یا کوئی تمہارا آیا استنجے سے، یا تم نے لمس کیا
عورتوں کا پھر پانی نہ پیا، تو تیمم کر لو پاک مٹی سے تو مسح کرو اپنے
چہروں کا اور ہاتھوں کا اس سے، اللہ نہیں چاہتا کہ تم پر کوئی تنگی ڈال
دے لیکن چاہتا ہے کہ تم کو صاف ستھرا کر دے اور تاکہ تمام فرما
دے اپنی نعمت کو تم پر کہ تم شکر گزار بنو۔ O

٧. اور یاد کرو اپنے اوپر اللہ کی نعمت کو، اور اس عہد کو جس کو
اس نے تم سے مضبوطی سے لیا، جبکہ تم نے اقرار کر لیا تھا، کہ ہم نے

سنا اور کہے کو مانا اور اللہ سے ڈرو بیشک اللہ جانتا ہے سینوں کے راز کو۔ O

۸۔ اے وہ جو ایمان لا چکے! قائم ہو جاؤ اللہ کے لیے انصاف کے گواہ ہو کر، اور کبھی نہ ابھارے کسی قوم کی دشمنی تم کو اس پر کہ انصاف چھوڑ دو تم انصاف کرو۔۔ وہ تقویٰ سے بہت نزدیک ہے۔ اور اللہ سے ڈرو، بیشک اللہ جو کرو اس سے باخبر ہے۔ O

۹۔ وعدہ فرمایا اللہ نے جو ایمان لائے اور نیکیاں کیں ان کے لیے بخشش اور بڑا اجر ہے۔ O

۱۰۔ اور جنہوں نے انکار کیا اور ہماری آیتوں کو جھٹلایا وہ جہنم کے لوگ ہیں۔ O

۱۱۔ اے وہ جو ایمان لا چکے یاد کرو اللہ کی نعمت کو اپنے اوپر، جبکہ قصد کیا ایک قوم نے کہ پھیلا دیں تم پر اپنے ہاتھ اللہ نے روک دیا ان

کے ہاتھوں کو تم سے اور اللہ سے ڈرتے رہو اور اللہ ہی پر ایمان والے بھروسہ رکھیں۔ O

۱۲۔ اور بیشک لیا تھا اللہ نے اسرائیلیوں سے مضبوط عہد۔ اور بھیجا ان میں سے بارہ نقیب۔ اور اللہ نے فرمایا کہ میں تمہارے ساتھ ہوں اگر تم قائم کرتے رہو نماز کو اور دیتے رہو زکوٰۃ اور مانتے رہے میرے رسولوں کو اور تعظیم کرتے رہے ان رسولوں کی اور اللہ واسطے قرض حسنہ دیتے رہے تو ہم تمہارے گناہوں کا کفارہ کردیں گے اور تم کو داخل کریں گے ان جنتوں میں جن کے نیچے نہریں بہتی ہیں۔ تو جو کافر ہوا اس کے بعد تم میں سے تو بیشک بھٹک گیا سیدھے راستے سے۔ O

۱۳۔ پس ان کے اپنے عہد کو توڑ دینے کی وجہ سے ہم نے مردود بنا دیا ان کو، اور کردیا ان کے دلوں کو سخت۔ الٹتے پلٹتے ہیں لفظوں کو ان کی جگہوں سے، اور بھول گئے بڑا حصہ جو ان کو نصیحت کی گئی تھی،

اور ہمیشہ آگاہ ہوتے رہو گے ان کی ایک نہ ایک خیانت پر، مگر تھوڑے ان میں سے تو ان سے عفو سے کام لو اور درگزر کرو، بیشک اللہ محبوب رکھتا ہے احسان کرنے والوں کو۔ O

۱۴. اور ان لوگوں سے جنہوں نے اپنے کو کہا کہ ہم نصاریٰ ہیں ہم نے ان سے مضبوط عہد لیا تو بھول گئے حصہ ،، جس کی انہیں نصیحت کی گئی تھی، تو ڈال دی ہم نے ان میں باہمی دشمنی اور بغض، قیامت تک۔ اور جلد اللہ انہیں بتا دے گا جو کر چکے ہیں۔ O

۱۵. اے اہل کتاب بیشک آگیا تمہارے پاس ہمارا رسول جو ظاہر کر دیتا ہے بہتری چیزوں کو جن کو تم چھپاتے تھے کتاب سے اور بہت کو معاف رکھتے ہیں بیشک آگیا تم میں اللہ کی طرف سے ایک نور اور روشن کتاب۔ O

۱۶.  ہدایت عطا فرماتا ہے اس سے اللہ اس کی جو چل پڑا اس کی خوشی کے لیے سلامتی کی راہوں کی اور نکال دیتا ہے ان کو اندھیروں سے روشنی کی طرف اپنے حکم سے اور راہ دے دیتا ہے سیدھی۔ O

۱۷.  بیشک کافر ہو گئے جو بولے کہ اللہ مسیح ابن مریم ہی ہے کہو، کون قابو رکھتا ہے کچھ بھی اللہ سے اگر ارادہ فرمالیا کہ ہلاک کر دے مسیح ابن مریم اور ان کی ماں اور زمین پر جو ہے سب کو، اور اللہ کے لیے ہے ملکیت آسمانوں اور زمین کی اور ان کے درمیان کی، پیدا فرمادے جو چاہے، اور اللہ ہر چاہے پر قادر ہے۔ O

۱۸.  اور یہود نصاریٰ بولے، کہ ہم اللہ کے بیٹے، اور پیارے ہیں کہو کہ پھر تم پر عذاب کیوں کیا تمہارے گناہوں کی وجہ سے بلکہ تم بشر ہو اللہ کی مخلوقات سے وہ بخش دے جس کو چاہے اور عذاب دے جس کو چاہے۔ اور اللہ ہی کے لیے حکومت آسمانوں کی اور زمین کی اور ان کے درمیان کی اور اسی کی طرف پھرنا ہے۔ O

۱۹.	اے اہل کتاب بیشک آ گیا تمہارے پاس ہمارا رسول جو کھول کر ہمارا حکم ظاہر کر دیتا ہے تم پر رسولوں کا سلسلہ ٹوٹ جانے پر، کہ کبھی کہیں ڈالو کہ نہیں آیا، ہمارے پاس کوئی بشیر و نذیر تو لو آ گیا تمہارے پاس بشیر و نذیر۔ اور اللہ ہر چیز پر قادر ہے۔ O

۲۰.	اور جب کہا موسیٰ نے اپنی قوم کو اے قوم یاد کرو اللہ کی نعمت کو اپنے اوپر کہ پیدا کیا تم میں انبیاء کو اور تم کو بنایا بادشاہ اور تم کو دیا جو کسی کو نہ دیا آج سارے جہاں میں۔ O

۲۱.	اے قوم داخل ہو زمین پاک میں جس کو لکھ دیا اللہ نے تمہارے لیے اور نہ پلٹو اپنی پشت پر کہ پلٹ اٹھو گھاٹے میں۔ O

۲۲.	سب بولے، اے موسیٰ اس میں بڑے بڑے زبردست لوگ ہیں ہم تو وہاں داخل نہ ہوں گے یہاں تک کہ وہ وہاں سے نکل جائیں ہاں اگر وہ نکل جائیں تو ہم ضرور پہنچیں گے۔ O

۲۳.	اللہ سے ڈرنے والوں میں سے دو شخصوں نے کہا، ان دونوں پر اللہ کا انعام ہوا کہ داخل ہو دروازہ میں زبردستی، پھر جب داخل ہو چکے تو بیشک تمہیں جیتے۔ اور اللہ پر بھروسہ رکھو اگر اسے مانتے ہو۔ O

۲۴.	سب بولے، اے موسیٰ ہم تو کبھی داخل نہ ہوں گے جب تک وہ اس میں ہیں تو چلے جاؤ تم اور تمہارا پروردگار پھر دونوں مل کر جنگ کرو ہم یہاں بیٹھے ہیں۔ O

۲۵.	کہا موسیٰ نے پروردگار میں نہیں ذمہ دار ہوں مگر اپنی ذات کا اور اپنے بھائی کا تو الگ الگ کر دے ہم کو اور نافرمان قوم کو۔ اور نافرمان قوم کو O

۲۶.	فرمایا تو بیشک وہ اس زمین سے چالیس سال تک محروم ہوئے ٹاپتے پھریں گے زمین میں، تو افسوس مت کرنا ان نافرمانوں پر۔ O

۲۷.	اور انہیں پڑھ کر سنائیے آدم کے دونوں بیٹوں کا واقعہ
ٹھیک ۔ ۔ جب کہ دونوں نے اپنی اپنی نیاز کی، پھر ان میں ایک قبول
ہوئی اور دوسرے کی نہ ہوئی تو وہ بولا کہ ہم تم کو مار ڈالیں گے ضرور۔
جواب دیا کہ اللہ تعالیٰ قبول فرماتا ہے اپنے ڈرنے والوں سے ۔ O

۲۸.	اگر تو نے ہاتھ بڑھا میری طرف کہ مجھ کو قتل کر دے، تو بھی
میں دست درازی نہ کروں گا کہ تجھ کو قتل کر کے مار ڈالوں میں ڈرتا
ہون اللہ کو پانے والا سارے جہان کا ۔ O

۲۹.	میں چاہتا ہوں کہ تو لے جائے میرے گناہ اور اپنے گناہ کہ ہو
جا جہنم والوں سے، اور یہ ظالموں کا بدلہ ہے ۔ O

۳۰.	پھر لگا دیا اس کو اس کے نفس نے اپنے بھائی کے مار ڈالنے
کو، تو اس کو مار ڈالا تو ہو گیا گھاٹے والوں سے O

۳۱.	تو بھیجا اللہ نے ایک کوا، کہ زمین کریدے تا کہ اسے دکھا دے
کہ کس طرح چھپائے اپنے بھائی کی لاش بولا ہائے رے میں کیا اتنا بھی

نہ ہوا کہ اس کوے کی طرح ہوں کہ اپنے بھائی کی لاش تو چھپا دوں تو کھسیانا ہو گیا۔ O

۳۲. اسی لیے۔۔ ہم نے آل یعقوب پر لکھ دیا، کہ جس نے کسی جان کو قتل کیا نہ جان کے بدلے، نہ زمین پر کسی مجرمانہ شورش کی سزا میں تو اس نے گویا قتل کر ڈالا سب لوگوں کو، اور جس نے مرنے سے بچایا ایک جان کو، گویا اس نے سب لوگوں کو زندہ رکھا اور بیشک ان میں آئے ہمارے بہت سے رسول روشن دلیلوں کے ساتھ پھر بھی ان کے بہتیرے زمین میں زیادتی کرنے والے ہیں۔ O

۳۳. ان کا بدلہ جو جنگ کریں اللہ اور اس کے رسول سے اور کرتے پھریں زمین مین جھگڑے، یہ ہے کہ ایک ایک مار ڈالے جائیں یا پھانسی پر لٹکائے جائیں یا ان کے ایک طرف ہاتھ تراش لیے جائیں تو دوسری جانب کے پاؤں یا اپنی زمین سے نکال دیے جائیں یہ تو ان کی دنیا میں رسوائی ہے اور آخرت میں ان کے لیے بڑا عذاب ہے۔ O

۳۴. مگر جنہوں نے توبہ کرلی قبل اس کے کہ تم انہیں گرفتار کرو،
توجان رکھو کہ اللہ غفور رحیم ہے۔ O

۳۵. اے وہ جو ایمان لا چکے اللہ کو ڈرو اور تلاش کرو اس تک پہنچنے
کا وسیلہ اور جہاد کرو اس کی راہ مین اور امید رکھو کامیاب ہو جاؤ۔ O

۳۶. بیشک جنہوں نے کفر کیا اگر ان کا ہو جائے جو کچھ زمین میں
ہے سب اور اسی قدر اور کہ فدا کر دیں قیامت کے عذاب سے بچنے
کے لئے تو ان سے قبول نہ کیا جائے گا۔ اور ان کے لیے دکھ دینے
والا عذاب ہے۔ O

۳۷. چاہیں گے نکل جائیں جہنم سے اور وہ اس سے نکلنے والے
نہیں۔ اور ان کے لیے ابدی عذاب ہے۔ O

۳۸.	اور چور مرد و عورت، ان کے ہاتھ کاٹ لو بدلہ میں اس کے جو انہوں نے کرتوت دکھایا، اور سزا میں اللہ کی طرف سے اور اللہ غلبہ والا حکمت والا ہے۔ O

۳۹.	تو جس نے توبہ کرلی اپنے ظلم کرنے کے بعد، اور اچھے چلن کا بن گیا، تو بیشک اللہ تعالیٰ توبہ قبول فرماتا ہے اس کی بیشک اللہ تعالیٰ غفور رحیم ہے۔ O

۴۰.	کیا تجھ کو معلوم نہیں کہ بیشک اللہ تعالیٰ کہ اسی کی ہے ملکیت آسمانوں کی اور زمین کی تو جسے چاہے عذاب دے اور جس کو چاہے بخش دے اور اللہ ہر چیز پر قادر ہے O

۴۱.	اے رسول تمہیں پرواہ بھی نہ ہو جو کفر میں دوڑ دوڑ کر گرتے ہیں بعض وہ جو کہہ گئے اپنے منہ سے کہ ہم ایمان لائے اور ان کے دل نے مانا نہیں۔ اور بعض وہ جو یہودی ہیں۔ جھوٹ سننے کے بڑے شوقین دوسرے لوگوں کی بات پر خوب کان دھرنے والے جو

تمہارے پاس نہیں آئے الفاظ بدل دیتے ہیں ان کی جگہوں کے ثابت ہو جانے کے بعد کہتے ہیں کہ اگر یہ حکم دیا گیا تو مان لینا اور اگر وہ حکم نہ دیا گیا تو بچنا اور جس کی تباہی اللہ چاہے تو اس میں تمہارا اللہ سے کچھ زور نہیں یہ لوگ وہ ہیں کہ نہیں چاہا اللہ نے کہ پاک فرمادے ان کے دل۔ ان کی دنیاوی رسوائی اور آخرت میں ان کے لیے بڑا عذاب ہے۔ O

۴۲. گپ کے شوقین حرام خور۔ تو اگر وہ تمہارے پاس کبھی آئیں تو ان میں فیصلہ کر دو، یا بے رخی کر لو۔ اور اگر تم نے بے رخی کی، تو وہ تمہارا کچھ نہیں بگاڑ سکتے۔ اور اگر فیصلہ کیا تو ان میں فیصلہ کرو انصاف سے بیشک اللہ محبوب رکھتا ہے انصاف کرنے والوں کو۔ O

۴۳. اور کیسے تم کو پنچ بناتے ہیں حالانکہ ان کے پاس توریت ہے جس میں اللہ کا حکم موجود ہے پھر پھرے جاتے ہیں، اس کے بعد وہ لوگ ماننے والے ہیں نہیں ہیں۔ O

۴۴۔ ہم نے اتارا توریت کو جس میں ہدایت اور روشنی ہے فیصلہ کرتے رہے یہودیوں کا اسی پر انبیاء جو پیغام اسلام لاتے رہے اور اللہ والے اور علماء کہ ان سے کتاب اللہ کی حفاظت کی ضمانت طلب کی گئی تھی اور اس پر گواہ تھے تو لوگوں سے مت ڈرو اور مجھ سے ڈرو، اور مت لو میری آیتوں کے بدلے ذلیل چیز قیمت۔ اور جس نے فیصلہ نہ کیا موافق اس کے جس کو اتارا اللہ نے تو وہی لوگ کافر ہیں۔ O

۴۵۔ اور ہم نے لکھ دیا ان پر اس میں کہ بیشک جان کے بدلے جان، آنکھ کے بدلے آنکھ، اور ناک کے بدلے ناک، اور کان کے بدلے کان، اور دانت کے بدلے دانت، اور سب زخموں میں اس کا بدل ہے تو جس نے صدقہ سے کام لیا تو وہ اس کے گناہ کا کفارہ ہے۔ اور جس نے فیصلہ نہ کیا موافق اس کے جس کو اتارا اللہ نے تو وہی ظالم ہیں۔ O

۴۶۔       اور ان کے نقش قدم پر ان کے پیچھے ہم نے بھیجا عیسیٰ ابن مریم کو تصدیق کرتے ہوئے اپنے سے آگے آئے ہوئے توریت کی اور دیا ہم نے ان کو انجیل، جس میں ہدایت اور روشنی ہے اور وہ تصدیق کرنے والی ہے اپنے سے آگے توریت کی اور ہدایت و نصیحت ہے ڈرنے والوں کے لیے۔ O

۴۷۔       اور فیصلہ کریں انجیل والے جو اتارا اللہ نے اس میں، اور جس سے فیصلہ نہ کیا موافق اس کے جو اتارا اللہ نے تو وہی نافرمان ہیں۔ O

۴۸۔       اور اتارا ہم نے تم پر کتاب بالکل حق، تصدیق کرتی ہوئی اپنے سے آگے کی کتاب کی، اور ان پر نگرانی رکھتی ہوئی تو فیصلہ کرو ان میں جو اتارا تم پر اللہ نے اور ان کی خواہشوں کے پیچھے نہ چلو چھوڑ کر جو آ گیا ہے تمہارے پاس حق ہر ایک کے لیے تم میں سے ہم نے بنا رکھی تھی شریعت و طریقت۔ اور اگر اللہ چاہتا تو تم سب کو کر دیتا ایک

ہی امت ۔ الیکن اس لیے کہ آزمائش میں ڈالے تم کو اس میں جو دیا تم کو، تو لپکو نیکیوں کی طرف اللہ تک سب کو لوٹنا ہے تو وہ بتا دے گا۔ جس میں تم جھگڑتے تھے۔ O

۴۹. اور یہ کہ فیصلہ کرو ان میں جو اتارا اللہ نے تم پر اور مت لگو ان کی خواہشوں کے پیچھے اور ان سے بچتے رہو، کہ فتنہ نہ بن جائیں تمہارے لیے بعض ان باتوں میں کہ اتارا اللہ نے تم تک، پھر اگر انہوں نے منہ پھیرا رکھا تو جان لو کہ اللہ یہی چاہتا ہے کہ دے دے ان کو سزا ان کے بعض گناہوں کی اور بیشک لوگوں کی اکثریت نافرمان ہے۔ O

۵۰. تو کیا جاہلیت کا فیصلہ چاہتے ہیں؟ اور اللہ سے بہتر فیصلہ کرنے میں کون ہے ان کے لیے جو یقین رکھیں۔ O

۵۱. اے وہ جو ایمان لا چکے، نہ بناؤ یہود و نصاریٰ کو دوست۔۔ ان میں ایک دوسرے کے دوست ہیں۔ اور جو دوستی رکھے ان کی تم

میں سے تو وہ انہیں میں سے ہے، بیشک اللہ راہ نہیں دیتا ظالم لوگوں کو۔ O

۵۲۔ تو دیکھو گے جن کے دلوں میں کمزوری ہے کہ دوڑ لگائیں ان یہود و نصاریٰ میں، کہیں گے کہ ہمیں ڈر لگتا ہے کہ ہمیں پہنچ جائے کوئی چکر، تو قریب ہے کہ اللہ فتح لائے گا یا کوئی بات اپنی طرف سے کہ ہو جائیں جو اپنے دل میں چھپا رکھا ہے اس پر کھسیانے۔ O

۵۳۔ اور کہیں گے جو واقعی مان چکے ہیں کہ کیا یہی ہے جنھوں نے قسم کھائی تھی اللہ کی بڑے زور کی قسم پر قسم، کہ یہ جو تمہارے ساتھ ہیں، اکارت گئے ان کے سارے عمل تو ہو گئے دیوالیے۔ O

۵۴۔ اے وہ جو ایمان لا چکے جو تم میں دین سے مرتد ہو جائے تو جلد لائے گا اللہ ایسی قوم جس کو اپنا محبوب بنا دے اور وہ اللہ کو محبوب مانیں، مسلمانوں پر نرم کافروں پر خوف ناک، جہاد کریں اللہ کی راہ میں

اور نہ ڈریں کسی ملامت کرنے والے کی ملامت کو۔ یہ اللہ کا فضل ہے جسے چاہے دے اور اللہ وسعت والا علم والا ہے۔ O

۵۵. تمہارے دوست صرف اللہ ورسول ہیں اور وہ ہیں جو ایمان لا چکے قائم کریں نماز کو اور دیں زکوٰۃ کو اور وہ جھکے ہیں۔ O

۵۶. اور جو دوست بنائے اللہ اور اس کے رسول اور ان کو جو ایمان لا چکے تو بیشک اللہ کا گروہ ہی غالب ہے۔ O

۵۷. اے ایمان والو! جنہوں نے بنا لیا تمہارے دین کو ہنسی کھیل، جنہیں تم سے پہلے کتاب دی گئی ہے اور کافر لوگ انہیں نہ بناؤ دوست۔ اور اللہ سے ڈرو اگر اس پر ایمان رکھتے ہو۔ O

۵۸. اور جب تم نے اذان دی نماز کے لیے تو انھوں نے بنا لیا ہنسی کھیل یہ اس لیے کہ وہ قوم عقل نہیں رکھتی۔ O

۵۹. کہو، اے اہل کتاب کیا نہیں چڑھے تم ہم سے مگر اس لیے کہ ہم نے مان لیا اللہ کو، اور جو کچھ اتارا گیا، ہماری طرف اور جو اتارا گیا پہلے اور بیشک تم میں زیادہ لوگ نافرمان ہیں۔ O

۶۰. میں بتا دوں جو اس سے برا درجہ ہے اللہ کے نزدیک وہ جس کو مردود کر دیا اللہ نے اور غضب نازل کیا اس پر اور بنا دیا ان میں سے بندر اور سور اور پوجا شیطان کو۔ وہ ہیں برے درجہ والے اور سیدھی راہ سے بہت بہکے ہوئے۔ O

۶۱. اور جب آئے تمہارے پاس تو بولے کہ ہم ایمان لا چکے حالانکہ آئے کفر کے ساتھ اور نکلے کفر کے ساتھ اور اللہ خوب جانتا ہے جو وہ چھپاتے تھے۔ O

۶۲. اور دیکھو گے ان میں بہتوں کو کہ لپکتے ہیں، گناہ میں، زیادتی کرنے میں اور حرام خوری میں۔ بیشک برا ہے وہ جو کرتے ہیں۔ O

۶۳۔ ان کو روکتے کیوں نہیں؟ پادری اور علم والا طبقہ گناہ کی بات کرنے اور حرام خوری سے۔ بیشک برا ہے جو وہ کرتے ہیں۔ O

۶۴۔ اور یہود بکنے لگے کہ اللہ کی مٹھی بندھی ہے۔ باندھے جائیں ان کے ساتھ اور ایسا بولنے والوں پر خدا کی مار۔ بلکہ اللہ کے دونوں ہاتھ کھلے ہیں لٹائے جیسے چاہے۔ اور ضرور بڑھتی رہے گی ان میں سے بہتوں کی شرارت وانکار کہ جو اتارا گیا تمہاری طرف تمہارے رب کی طرف سے اور ڈال دیا ہم نے ان میں دشمنی اور کینہ، قیامت تک۔ جب انہوں نے جلائی جنگ کی آگ، بجھا دے اللہ اور لگے ہیں زمین میں فساد مچانے کو، اور اللہ نہیں پسند فرماتا فسادیوں کو۔ O

۶۵۔ اور اگر اہل کتاب ایمان لاتے، اور اللہ سے ڈرتے تو ہم اتار دیتے ان سے ان کے گناہ اور ضرور ہم داخل کرتے ان کو عیش کے باغوں میں۔ O

٦٦. اور اگر انہوں نے قائم رکھا ہو تو توریت اور انجیل کو اور جو اتارا گیا ان کی طرف ان کے پروردگار کی طرف سے، تو ضرور کھاتے سر کے اوپر اور پاؤں کے نیچے سے کچھ ان میں معتدل ہیں اور زیادہ ہیں جن کے کرتوت برے ہیں۔ O

٦٧. اے رسول! تبلیغ کرو جو کچھ اتارا گیا تمہاری طرف تمہارے پروردگار کی طرف سے ورنہ تبلیغ ہی نہ کی پیغام الٰہی کی اور اللہ بچاتا رہے گا تم لوگوں سے۔ بیشک اللہ راہ نہیں دیتا منکر قوم کو۔ O

٦٨. کہہ دو کہ اے اہل کتاب تم کچھ بھی نہیں ہو، یہاں تک کہ قائم کرو توریت وانجیل کو، اور جو اتارا گیا تمہاری طرف تمہارے پروردگار کی طرف سے اور ضرور بڑھتی رہے گی ان میں سے بہتوں کی شرارت و انکار جو نازل کیا گیا ہے تمہاری طرف تمہارے پروردگار کی طرف سے تو کافر قوم پر غم نہ کرو۔ O

۶۹. بیشک مسلمان، یہودی اور ستارہ پرست اور نصرانی میں سے
جو مان ہی جائے اللہ کو اور پچھلے دن کو، اور کیا اچھا کام تو نہ کوئی ڈر ہے
ان پر اور نہ وہ رنجیدہ ہوتے ہیں۔ O

۷۰. البتہ بیشک ہم نے مضبوط عہد لیا آل یعقوب کا اور بھیجا ان کی
طرف کئی رسول۔ جب آیا ان کے پاس کوئی رسول وہ لے کر جس کی
خواہش ان کے نفس کو نہیں تو کچھ کو جھٹلایا اور کچھ کا قتل کریں۔ O

۷۱. اور گمان کیا کہ کچھ گڑبڑ نہ ہوگی۔ پھر اندھے ہو گئے اور بہرے
ہو گئے پھر اللہ نے ان کی توبہ قبول کی، پھر اندھے ہو گئے اور بہرے
ہو گئے بہتیرے اور اللہ دیکھنے والا ہے ان کے کرتوت کو۔ O

۷۲. بیشک کفر کیا جنہوں نے کہا کہ اللہ مسیح ابن مریم ہیں اور مسیح
نے کہا کہ اے بنی اسرائیل پوجو اللہ کو، میرا رب او تمہارا پالنے والا
ہے بیشک جو شرک کرے اللہ سے تو بیشک حرام کر دیا اللہ نے اس پر
جنت کو اور اس کا ٹھکانہ جہنم ہے اور ظالموں کا کوئی مددگار نہیں۔ O

۷۳.    بیشک ضرور کفر کیا، جنھوں نے کہا کہ اللہ تین کا تیسرا ہے۔۔ کوئی معبود نہیں مگر ایک معبود۔ اور اگر توبہ نہ کی اپنی اس بکواس سے تو ضرور پہنچے گا ان میں جنھوں نے یہ کفر کیا دکھ دینے والا عذاب۔ O

۷۴.    تو کیوں نہیں توبہ کر ڈالتے اللہ سے اور اس کی مغفرت مانگتے۔ اور اللہ غفور رحیم ہے۔ O

۷۵.    مسیح ابن مریم رسول ہی ہیں بیشک گزرے ان کے پہلے بہت سے رسول۔ اور اس کی ماں صدیقہ ہیں دونوں کھانا کھاتے تھے دیکھو ہم کس طرح صاف بتائے دیتے ہیں ان کو نشانیاں پھر دیکھو کہ وہ کیسے اوندھے کیے جاتے ہیں۔ O

۷۶.    کہو کہ کیا پوجتے ہو اللہ کو چھوڑ کر اسے جو نہ کچھ بگاڑ سکے نہ بنا سکے؟ اور اللہ سنے والا علم والا ہے۔ O

۷۷۔ کہو کہ اے اہل کتاب اپنے دین میں ناحق اور غلو نہ کرو اور اس قوم کی خواہشوں کی پیروی نہ کرو جو خود پہلے سے گمراہ ہو گئے اور بہتوں کو گمراہ کر ڈالا اور سیدھی راہ سے بہک گئے ۔ O

۷۸۔ لعنت بھیجی گئی ان پر جنہوں نے کفر کیا اولاد اسرائیل سے زبان پر داؤد و عیسیٰ بن مریم کے ۔ یہ کیونکہ گناہ کر چکے تھے اور سرکشی کرتے تھے ۔ O

۷۹۔ کسی کو منع نہیں کرتے تھے جو کر گزرتے کوئی برائی ۔ بیشک برا تھا جو وہ کرتے تھے ۔ O

۸۰۔ ان کے بہتیروں کو دیکھو گے کہ دوستی کرتے ہیں ان سے جو کافر ہو چکے بیشک برا ہے جو پہلے کر چکے ان کے نفس یہ کہ غضب فرمایا اللہ نے ان پر اور عذاب میں وہ ہمیشہ رہنے والے ہیں ۔ O

۸۱۔   اگر مان جاتے اللہ کو اور نبی اسلام کو، اور جو نازل کیا گیا اس کی طرف، تو نہ بناتے ان کو دوست لیکن ان کی اکثریت نافرمان ہے۔ O

۸۲۔   ضرور پاؤ گے سب سے بڑھ کر دشمن مسلمانوں کا، یہودیوں کو اور مشرکوں کو۔ اور ضرور پاؤ گے سب سے زیادہ نزدیک دوستی میں مسلمانوں کے جنہوں نے کہا ہم نصرانی ہیں یہ اس لیے کہ ان میں بعض علم دوست، اور درویش منش ہیں، اور وہ غرور نہیں کرتے۔ O

۸۳۔   اور جہاں سن پایا وہ، جو نازل کیا گیا ہے رسول اسلام کی طرف، تو دیکھ لو ان کی آنکھیں، کہ آنسو بہا رہی ہیں، کیونکہ انہوں نے حق پہچان لیا۔ وہ کہتے ہیں! اے ہمارے پروردگار ہم نے مان لیا، تو ہم کو لکھ لے گواہوں میں۔ O

۸۴. اور اللہ کو، اور جو ہمارے پاس حق آیا۔ کیوں نہ مانیں جب کہ ہم اس کے لالچی ہیں کہ داخل کر دے ہم کو ہمارا پروردگار نیکوں کے ساتھ O

۸۵. تو اللہ نے ان کو ثواب بخشا جو انھوں نے کہا اس کا، جنتیں، کہ بہتی ہیں جن کے نیچے نہریں، ہمیشہ اس میں رہنے والے۔ اور یہ مخلصوں کی جزا ہے O

۸۶. اور جنھوں نے انکار کیا اور جھٹلایا ہماری آیتوں کو، تو وہ جہنم والے ہیں۔ O

۸۷. اے وہ جو ایمان لا چکے نہ حرام قرار دو پاکیزہ چیزوں کو، جو اللہ نے حلال کر دیا تمہارے لئے، اور قانون نہ توڑو۔ بیشک اللہ نہیں پسند فرماتا قانون شکنوں کو۔ O

۸۸. اور کھاؤ جو روزی فرما دیا تم کو اللہ نے حلال پاکیزہ۔ اور ڈرو اللہ کو جس کو تم لوگ مانتے ہو۔ O

۸۹. نہیں گرفت کرتا تمہاری اللہ تمہاری بےخبری کی قسموں میں، لیکن پکڑے گا تم کو جو تم نے مضبوط عہد بنا دیا قسموں کو، تو اس کا کفارہ ہے کھانا کھلانا دس مسکینوں کو، درمیانی درجہ کا، جو اپنے گھر والوں کو کھلاتے رہتے ہو، یا ان کو کپڑا پہنانا، یا ایک بردہ کو آزاد کرنا تو جس نے نہ پایا، تو تین دن کا روزہ۔ یہ کفارہ ہے تمہاری قسموں کا جب قسم کھا کر رہ جاؤ۔ اور اپنی قسموں کا خیال رکھو۔ اس طرح بیان کرتا ہے اللہ تمہارے لئے اپنی آیتوں کو، کہ کہیں تم شکر گزار ہو جاؤ۔ O

۹۰. اے وہ جو ایمان لا چکے! شراب اور جوا اور بت اور پانسے ناپاک ہی ہیں، شیطان کے کام، تو ان سے بچو کہ فلاح پاؤ۔ O

۹۱. شیطان تو بس یہی چاہتا ہے کہ ڈال دے تمہارے آپس میں دشمنی اور کینہ کو، شراب پینے وجوا کھیلنے میں، اور روک دے تم کو ذکر الٰہی سے، اور نماز سے۔ تو اب کیا تم باز آئے؟ O

۹۲. اور کہا مانو اللہ کا اور کہا مانو رسول کا، اور ڈرا کرو۔ تو اگر تم نے منھ پھیرا، تو جان رکھو کہ ہمارے رسول پر صرف صاف صاف تبلیغ ہے۔ O

۹۳. نہیں ہے ان پر جو ایمان لائے نیک کام کئے کوئی گناہ، جو انھوں نے چکھ لیا تھا جب کہ وہ ڈرے، اور ایمان لائے اور نیک کام کئے، پھر کانپے، اور خوب مان گئے، پھر تھرائے اور نیک کردار ہو گئے۔ اور اللہ محبوب رکھتا ہے مخلص نیکو کاروں کو۔ O

۹۴. اے وہ جو ایمان لا چکے! ضرور جانچے گا تمہیں اللہ کچھ شکار سے، کہ پہنچ جائیں تمہارے ہاتھ اور نیزے ان تک، تاکہ معلوم کرا

دے اللہ، کہ کون ڈرتا ہے اس کو بے دیکھے۔ تو جو حد سے آگے ہوا اس کے بعد، تو اس کے لئے عذاب ہے دکھ دینے والا۔ O

۹۵. اے وہ جو ایمان لا چکے! نہ مارو شکار جب کہ تم احرام باندھے ہو۔ اور جس نے مارا اس کو تم میں سے عمداً، تو اس کی پاداش جو مارا ہے، اس کے برابر کا چوپایہ ہے، فیصلہ کریں اس کا دو منصف تم میں سے، قربانی کعبہ کو پہنچنے والی، یا کفارہ ہے مسکینوں کی غذا، یا اس کے برابر روزے، تاکہ چکھے اپنے کیئے کا مزہ۔ اللہ تعالیٰ نے معاف فرما دیا جو پہلے ہو چکا۔ اور جس نے اب کیا، تو بدلہ لے گا اللہ اس سے۔ اور اللہ غلبہ والا انتقام والا۔ O

۹۶. حلال کر دیا گیا تم کو دریائی شکار اور اس کو غذا بنانا، تمہارے فائدہ کے لئے اور مسافروں کے لئے۔ اور حرام کیا گیا تم پر خشکی کا شکار جب تک کہ تم احرام میں ہو۔ اور ڈرو اللہ سے جس کی طرف حشر کیئے جاؤ گے۔ O

۹۷۔      بنا دیا اللہ نے کعبہ حرمت والے گھر کو لوگوں کے قیام کا سبب، اور حرمت والے مہینہ کو اور حرم جانے والی قربانی اور پٹے والے جانوروں کو، یہ اس لئے کہ تم لوگ با ور کر لو کہ بیشک اللہ جانتا ہے جو کچھ آسمانوں میں ہے، اور جو کچھ زمین میں ہے، اور بیشک اللہ سب کچھ جانتا ہے۔ O

۹۸۔      یقین مانو کہ بیشک اللہ عذاب دینے میں بڑ سخت ہے، اور بیشک اللہ غفور رحیم ہے، O

۹۹۔      رسول پر صرف تبلیغ ہے۔ اور اللہ جانتا ہے جو تم ظاہر کرو اور جو تم چھپاؤ۔ O

۱۰۰۔     کہہ دو کہ برابر نہیں ہے گندہ اور پاکیزہ، گو تمہیں اچھی لگے گندے کا دل۔ تو اللہ سے ڈرو اے عقل مندو، کہ فلاح تو پاؤ۔ O

۱۰۱۔     اے وہ جو ایمان لا چکے! نہ پوچھا کرو ایسی چیزیں، کہ اگر صاف بتا دی جائیں تم سے، تو بر ا لگے تم کو، اور اگر پوچھ پڑے تم

ایسی بات جس وقت قرآن اتارا جارہا ہے، تو صاف ظاہر کر دیا جائے گا۔ اللہ اس سے معافی دے اور اللہ غفور حلیم ہے۔ O

۱۰۲. ایسے ہی سوالات کئے تھے تم سے پہلے لوگوں نے، پھر وہی اس کے منکر ہو گئے۔ O

۱۰۳. اللہ نے نہیں ٹھہرایا کان چرے ہوئے جانور اور نہ سانڈ کو، اور نہ وصیلہ بکری کو، اور نہ حامی اونٹ کو، لیکن جنھوں نے کفر کیا وہ بہتان رکھتے ہیں اللہ پر جھوٹ کا۔ اور ان کی اکثر بے عقل ہے۔ O

۱۰۴. اور جب انھیں کہا گیا کہ آ جاؤ اس کی طرف جو نازل فرمایا اللہ نے اور رسول کی طرف، تو جواب دیا کہ ''ہمیں کافی ہے جس پر ہم نے اپنے باپ دادوں کو پایا''۔ کیا گو ان کے باپ دادے نہ کچھ جانتے ہوں نہ راہ پائی ہو۔؟ O

۱۰۵۔ اے وہ جو ایمان لائے! اپنا اپنا خیال رکھو۔ نہ بگاڑے گا تمہارا وہ، جو گمراہ ہو گیا جب کہ تم نے ہدایت پالی۔ اللہ کی طرف تم سب کو لوٹنا ہے، تو وہ تمہیں بتا دے گا جو کرتے تھے۔ O

۱۰۶۔ اے وہ جو ایمان لا چکے! تمہاری آپس کی پوری گواہی، جب آ گئی تم میں سے کسی کی موت، وصیت کے وقت، دو معتبر ہیں۔ تمہارے یا دوسروں سے دو ہیں۔ اگر تم نے سفر کر رکھا ہے، پھر پہنچی تمہیں موت کی مصیبت، کہ روکو دونوں کو نماز کے بعد، تو قسم کھائیں اللہ کی۔ اگر تم کو شبہ ہوا، کہ ہم لیں گے حلف کے بدلے کوئی دام، گو قرابت مند ہو۔ اور نہ ہم چھپائیں گے اللہ کی گواہی کو، بیشک ہم ایسا کریں تو گناہ گاروں سے ہوں۔ O

۱۰۷۔ پھر اگر پتا لگ گیا کہ دونوں نے جرم کا ارتکاب کیا، تو دو دوسرے ان کی جگہ کھڑے ہوں، ان میں سے جن پر پہلے والے حق دار بنے تھے، تو یہ دونوں قسم کھائیں اللہ کی، کہ ہماری گواہی زیادہ

درست ہے ان دونوں کی گواہی سے، اور ہم نے زیادتی نہیں کی۔

بیشک ایسا کریں تو ظالموں سے ہوں۔ O

۱۰۸. یہ طریقہ قریب تر ہے کہ گواہی دیا کریں واقعہ کے مطابق، یا

ڈرتے رہیں کہ مردود کر دی جاتی ہیں کچھ قسمیں ان کی کچھ قسموں کے

بعد۔ اور اللہ سے ڈرو اور سنو۔ اور اللہ راہ نہیں دیتا نافرمان قوم کو۔ O

۱۰۹. جس دن جمع کرے گا اللہ رسولوں کو، پھر کہے گا کہ کیا جواب

دئیے گئے تم، سب کا جواب ہے کہ ہمارا علم کوئی چیز نہیں ہے۔

بیشک تو ہی علام الغیوب ہے۔ O

۱۱۰. جب کہ کہے گا اللہ اے عیسیٰ ابن مریم، یاد کرو میری نعمت

کو اپنے اوپر، اور اپنی ماں کے اوپر۔۔ جبکہ تیرے ہاتھوں کو مضبوط کیا

روح القدس سے۔۔ کہ باتیں کرو لوگوں سے ماں کی گود میں، اور

بڑھاپے میں بھی، اور جبکہ سکھا دیا میں نے تم کو کتاب اور حکمت اور تو

ریت و انجیل۔ اور جبکہ بنا دیتے تم مٹی سے، جیسے چڑیا کی مورت

میرے حکم سے، پھر پھونکتے اس میں، تو وہ چڑیا ہو جاتی میرے حکم
سے، اور تندرست کر دیتے تم پیدائشی اندھے کو اور سفید داغ والے
کو، میرے حکم سے، اور جب زندہ نکال دیتے تم مردوں کو میرے
حکم سے، اور جبکہ روک ڈال دی میں نے نبی اسرائیل کے لئے تم
سے، جب کہ لائے تم ان کے پاس معجزے، تو بولے وہ جو کافر تھے
ان میں، کہ یہ تو بس کھلا ہوا جادو ہے۔ O

۱۱۱. اور جبکہ میں نے دل میں ڈال دیا حواریوں کے، کہ مجھ کو مانو
اور میرے رسول کو، سب بولے کہ ہم نے مانا، اور تو گواہ رہ کہ ہم
بیشک مسلمان ہیں۔ O

۱۱۲. جبکہ حواریوں نے کہا تھا کہ اے عیسیٰ ابن مریم کیا تمہارا
پروردگار یہ کر سکتا ہے کہ اتار دے ہم پر ایک خوان آسمان سے؟
جواب دیا کہ اللہ سے ڈرو، اگر اس کو مانتے ہو۔ O

۱۱۳.    سب نے کہا کہ چاہتے ہیں کہ اس سے کھائیں اور ہمارے دل مطمئن ہو جائیں اور یقین کر لیں کہ آپ نے ہم کو سچ بتایا، اور ہم اس پر گواہ ہو جائیں۔ O

۱۱۴.    کہا عیسیٰ ابن مریم نے، "اے معبود ہمارے پروردگار، اتار دے ہم پر خوان آسمان سے، کہ ہمارے لئے عید ہو جائے، ہمارے اگلوں اور پچھلوں سب کے لئے، اور ایک نشانی تیری طرف سے۔ اور ہمیں روزی دے اور تو سب سے بڑھ کر روزی دینے والا ہے" O

۱۱۵.    فرمایا اللہ نے، کہ "بیشک میں اتارتا ہوں اسے تم لوگوں پر، تو جس نے کفر کیا تم میں سے اس کے بعد، تو بلاشبہ اس کو وہ عذاب دوں گا کہ جہاں میں کسی کو وہ عذاب نہ دوں گا"۔ O

۱۱۶.    اور جب کہے گا اللہ "اے عیسیٰ ابن مریم، کیا تم نے کہا تھا لوگوں کو کہ بنا لو مجھ کو اور میری ماں کو معبود اللہ کو چھوڑ؟" کہیں گے

''سبحان اللہ! مجھے حق نہیں کہ وہ بات کہوں جس کا مجھ کو حق نہیں۔۔۔ اگر میں نے کہا ہوتا، تو بیشک اس کو تو جانتا تو جانتا ہے جو کچھ میرے جی میں ہے اور میں نہیں جانتا جو تیرے علم میں ہے۔ بیشک تو ہی علام الغیوب ہے۔ O

۱۱۷. میں نے نہیں کہا انھیں مگر جس کا حکم دیا تو نے، کہ پوجو اللہ کو، میرا پروردگار اور تم لوگوں کا پالنہار، اور میں انھیں دیکھتا رہا، جب تک ان میں رہا، پھر جب تو نے پوری کر دی ان میں میری مدت قیام کو، تو تو ہی نگہبان رہا۔ اور تو ہر ایک کا نگہبان ہے۔ O

۱۱۸. اگر عذاب دے ان میں سے جس کو، تو بیشک وہ تیرے بندے ہیں۔ اور اگر ان میں کسی تو بخش دے، تو بیشک تو ہی غلبہ والا حکمت والا ہے'' O

۱۱۹. فرمائے گا اللہ، ''یہ دن ہے کہ فائدہ دے سچوں کو ان کی سچائی،'' ان کے لئے جنتیں ہیں، کہ بہتی ہیں جن کے نیچے نہریں۔

ہمیشہ ہمیش رہنے والے اس میں۔ اللہ ان سے راضی اور وہ اللہ سے راضی۔ یہ بڑی کامیابی ہے۔ O

۱۲۰. اللہ ہی کی ہے ملکیت آسمانوں اور زمین کی، اور جو کچھ ان میں ہے۔ اور وہ ہر چاہے پر قادر ہے۔ O

***